1文から始める　ステップアップ式

必ずできる！
JLPT
Japanese-Language
Proficiency Test
「読解」N2

安藤栄里子　足立尚子　著

はじめに　〜この本を使う先生へ〜

　本書で勉強しようという学習者は、日本語能力試験 N3 に合格し、N2 の勉強を始められる方々だと思います。N3 レベルの読解の練習問題をこなしているのですから、ある程度は読むことに慣れ、読解のスキルも身に付いているでしょう。それでも、「読解は苦手」「読解は好きではない」という学習者も多いのではないかと推察します。

　N2 レベルの学習者の中には専門学校や大学へ進学したり、あるいは就職したりする方も多いでしょう。今後学校や職場で読解力が求められる場面は多くあります。しかし、テストのために編集された文章を読んで、四つの選択肢の中から正しい答えを選べれば、それで「読解力がある」と評価できるものではないと考えます。その文章が何を言わんとしているのかを正しく読み取ることができなければ、本当に「読めた」ということにはならないでしょう。そのためには細部を読み込むことが必要な場合もありますし、筆者がその文章を書いた目的を推測する力が必要な場合もあります。本書では、学習者が「自立した読み」を身に付けられるよう、様々な工夫を凝らしています。

　まず、掲載している文章は、読み物としても楽しめる、読むことによって新しい情報を得ることができる、日本事情の勉強にもなるという基準で選択、あるいは作成されています。答えを書く問題もありますが、答えやすい○×の問題形式もあり、学習者の負担があまり重くならないよう配慮しました。また、ある程度の速さで読めるようになってもらいたいと考え、解答時間の基準を示しました。

　本書の筆者は二人とも 30 年以上留学生を教えてきました。長年の経験の中から学習者がよく間違える読みのポイントを収集し、これらを問題に取り入れています。

　本書を正しく使えば、1 冊やり終わったときには、文脈を読み取る力や、筆者の意図を汲み取り文章に書いてあることだけをきちんと理解する力が付いているでしょう。

　「読解が好き」「読解が得意」と言ってくれる学習者が増えることを願っています。

安藤栄里子　足立尚子

本書の特長

1　N3 に合格したらすぐに始められる

　日本語能力試験 N3 に合格したばかりの学習者にとって、N2 レベルの読解は難しすぎるでしょう。語彙も文法知識もまだ足りません。本書の難易度は、ステップ1は N3 と N2 の間のレベル、ステップ2と3は N2 レベルになっています。

また、模擬問題以外は全て、N3 レベルより上の漢字に振り仮名を付けていますので、漢字が苦手な学習者にも読みやすいでしょう。

2　ウォーミングアップで、文を読む基礎を身に付けられる

　各ステップの始めに行うウォーミングアップでは、1文をきちんと読む練習をします。長い文章を読むことだけが読解の練習ではありません。1文でも読解です。読むことが嫌いな学習者でも取り組みやすいでしょう。

3　少しずつ取り組むことができる

　ステップ1の練習問題は1日4ページ、解答時間は 25 ～ 30 分で、読解が好きではない学習者でも無理なく取り組める分量です。ステップ2は1日5ページ、ステップ3は1日6ページ（最後の 22 日目だけは8ページ）です。この頃には6ページを 30 分ぐらいで読めるようになっているでしょう。

4　問題形式がバラエティーに富んでいる

　学習者の読解力を伸ばし、飽きさせないために、問題形式はバラエティーに富んでいます。言葉の意味を文章から読み取る問題や書かれている例の数を問う問題など、本書ならではの問題もあります。また、答えが一つとは限らない問題も数多くあります。学習者の苦手な接続詞の問題や並べ替えの問題も入れました。

5　難易度が少しずつ上がっていき、問題形式も徐々に JLPT に近くなっていく

　本書を終了すれば、もう N2 レベルの読解問題は難しくありません。ステップ3はやや高度な問題になっていますから、これができるようになれば、JLPT でも楽に合格点が取れるはずです。

本書の使い方と出題意図

Step 1

Level 1 　ウォーミングアップ ❶〜❻ （主に N3 レベルの復習）　　目標時間 15 分

　N3 レベルで学んだ文法事項や語彙が正確に身についているかどうか確かめてください。間違えた問題はチェックしておいて、しばらくしてからまたやってみましょう。全部できるようになるまで繰り返してください。必ずここを一度やってから次のステップに進んでください。

Level 2 　練習問題 ❶日目〜❿日目　　　　　　　　　　　　　目標時間 25 〜 30 分

　1 日 4 ページです。

　問題 I は語彙の意味を文章から読み取る問題です。文章の中に知らない言葉があっても、文章をよく読めばその意味がわかることもあるものです。この問題はその練習です。Level 2 には、図やグラフを読む練習も多くあります。

　初めのうちは短い文章が多く、また 1 文も短く、N3 レベルの問題とあまり違わないので、読みやすいでしょう。少しずつ長い文章にも慣れてください。

Step 2

Level 3 　ウォーミングアップ ❼、❽ （N2 前半）　　　　　　目標時間 15 分

　主に N2 前半の文法項目と接続詞、よく使われる副詞の練習問題です。接続詞は文と文の関係、段落と段落の関係を示すので、これが理解できれば予測しながら読めるようになり、速く正確に読むことにつながります。ここをしっかり終わらせてから次のステップに進みましょう。

Level 4 　練習問題 ⓫日目〜⓰日目　　　　　　　　　　　　　目標時間 25 〜 30 分

　1 日 5 ページになります。がんばって 30 分以内に読みましょう。

　本や新聞記事などからの引用文が増えます。N2 レベルの学習者のために書かれた文章ではありませんので、難しい言葉が出てきます。訳や簡単な日本語での説明を付けましたが、文脈から推測する力もつけてください。また、文章も少し長くなっていますが、全体として何を言っているのか、考えながら読むようにしてください。

Step 3

| Level 5 | ウォーミングアップ ❾、❿（N2） | 目標時間 15 分 |

　ここには N2 レベルで学習する文法事項がたくさん入っているので、まだ勉強していない方には難しいかもしれません。そういう方はここをとばして、次の練習問題に進んでもかまいません。

| Level 6 | 練習問題 ⓱日目～㉒日目 | 目標時間 25 ～ 35 分 |

　17 ～ 21 日目までは 6 ページ、22 日目は 8 ページです。
　ステップ 2 の練習問題に比べ、文章が長くなり、難易度も上がります。統合理解と情報検索以外の文章はほとんど引用文で、日本語特有の表現も出てきます。しかし、問題に答えるために必要な言葉以外は、あえて訳や説明を付けなかったものも多くあります。全体を大まかに理解する上であまり大切ではない言葉もあるわけで、それを読み飛ばす技術も必要です。

日本語能力試験　読解模擬問題

　日本語能力試験 N2 レベルの実際の試験問題に近い問題数と問題形式になっていますので、最後に自分の力を試してください。N5 ～ N2 レベルの漢字には振り仮名が付いていません。

読解力を身につけるために

- 一番大切なことは、答えが間違っていたときに、なぜ間違えたのか、よく考えることです。もう一度文章を読んで、答えがどこに書いてあるのか探してください。答えは必ずその文章の中にあるのです。
- 接続詞、指示詞、省略などを意識して読みましょう。
- わからない言葉があっても、すぐに辞書を見てはいけません。推測する力をつけることが大切です。
- 目標時間を目安に、ある程度のスピードをもって読む練習をしてください。
- 答えを確認したあと、音読してみましょう。読みながら意味がわかるかどうか確かめてください。

How to Use This Textbook and the Purpose of the Questions

 Step 1

| Level 1 | **Warm-Up ❶～❻** (Mainly N3 Level Review)   [Target time: 15 min.]

Check your knowledge on the grammar rules and vocabulary you learned at the N3 level. Mark the questions you get wrong and come back to them later, repeating this process until you are able to complete all the questions. Always make sure to complete this section first before proceeding to the next step.

| Level 2 | **Practice Questions Day 1~Day 10**   [Target time: 25 - 30 min.]

Four pages a day.

In Question #1, you will determine a word's meaning from the context of a sentence. When you see a word you do not know, you may be able to tell the meaning by reading the sentence carefully.

These questions are practice for that section. Level 2 also gives you a lot of practice reading charts and graphs.

It starts off with many short sentences and should be easy to get through because of the questions' close similarity to those at level N3. Slowly get used to longer sentences.

 Step 2

| Level 3 | **Warm-Up ❼, ❽** (First Half of N2)   [Target time: 15 min.]

This warm-up mainly consists of practice questions using grammar, conjunctions, and frequently-used adverbs from the first half of N2. Conjunctions indicate connections between sentences and between paragraphs. Understanding them will allow you to predict what is coming while reading more quickly and accurately. Make sure to complete this section before proceeding to the next step.

| Level 4 | **Practice Questions Day 11~Day 16**   [Target time: 25 - 30 min.]

Five pages a day. Push yourself to finish in 30 minutes or less.

You will start seeing more passages excerpted from things like books and newspaper articles. The sentences were not written with N2-level learners in mind, so there will be some difficult words. While we have provided translations and explanations using simple Japanese, you will need to acquire the ability to guess meaning from context. Sentence length is also longer. Think about what the overall message is as you read.

Step 3

| Level 5 | Warm-Up ❾, ❿ (N2) | [Target time: 15 min.] |

This section has questions on many of the grammar rules you learn at the N2level and may be difficult if you have not yet studied at that level.

If this warm-up is too difficult for you, you may skip it and move on to the next practice questions.

| Level 6 | Practice Questions Day 17~Day 22 | [Target time: 25 - 35 min.] |

You will do six pages from Day 17 through 21 and eight pages on Day 22.

Compared to the practice questions in Step 2, these questions have longer, more difficult passages. Almost all passages not part of Integrated Comprehension or Information Retrieval are from published sources and contain uniquely-Japanese expressions. Translations and explanations are often not provided on purpose, except for the language necessary to answer the questions. Since there are some words that are not all that important for understanding the overall meaning, you will need to learn how to skim over those.

JLPT Reading Comprehension Prep Questions

Japanese Language Proficiency Test   Reading Comprehension Prep Questions

This section is modeled after the actual N2 level JLPT, with a similar number of questions and similar content. Try it at the very end to test your abilities. N5 - N2 level kanji are not labeled with kana.

How to improve your reading comprehension skills:

- The most important thing is most important thing is to think carefully about why you got a question when you get one wrong. Read the passage again, and figure out where the answer is. The answer will always be somewhere in the passage.
- Pay attention to things like conjunctions, demonstratives, and abbreviations as you read.
- If you come across a word you are not familiar with, do not immediately look for it in the dictionary. Learning to guess the meaning of a word from context is important.
- Practice reading quickly, aiming to get within the target time.
- After checking the answers, read them out loud. Make sure you understand them as you read them.

本书的使用方法及出题目的

第一阶段

| 等级 1 | 热身练习 ❶〜❻（主要复习 N3 级） | 目标用时 15 分钟 |

请首先确认是否已经正确掌握 N3 级学到的语法项目及词汇。将做错的题目标记出来，过一段时间再做一次。反复如此直到完全掌握为止。请务必认真完成此步骤之后再进入下一个阶段的学习。

| 等级 2 | 练习题 第 1 天〜第 10 天 | 目标用时 25 〜 30 分钟 |

1 天做 4 页题。

问题 I 中的题目要求答题者从文章中理解词汇的意思。即使文章中有不认识的词语，如果仔细阅读文章的话，有时也能理解其意思。本问题正是这种练习。等级 2 中还有许多阅读图片和图表的练习。

一开始多为简短的文章，而且句子也很短，与 N3 级的问题没有太大区别，所以应该很容易阅读。还请逐渐习惯阅读长的文章。

第二阶段

| 等级 3 | 热身练习 ❼, ❽（N2 前半） | 目标用时 15 分钟 |

主要是 N2 前半的语法项目与接续词、常用副词的练习题。因为接续词表示句子与句子之间的关系、段落与段落之间的关系，所以如果能够理解接续词的话，就能一边预测一边阅读，这与快速地正确阅读相关。请在认真掌握该环节的知识后再进入下一个阶段。

| 等级 4 | 练习题 第 11 天〜第 16 天 | 目标用时 25 〜 30 分钟 |

1 天做 5 页题。请努力在 30 分钟以内读完。

从书籍和报纸报道等引用的文章增加。因为不是为了 N2 级的学习者写的文章，所以会出现难的词语。虽然加入了翻译和简单的日语说明，但还请掌握从上下文进行推测的能力。此外，文章也稍微变长，请一边思考整体说的是什么，一边阅读。

第三阶段

| 等级 5 | 热身练习 , (N2) | 目标用时 15 分钟 |

此处包含大量在 N2 级学到的语法项目，对于还未学到 N2 级的人来说也许有一些难度。因此还未学到的人可以跳过该步骤，直接进入下一个阶段的学习。

| 等级 6 | 练习题 第 17 天～第 22 天 | 目标用时 25～35 分钟 |

第 17 天～第 21 天为 1 天做 6 页题，第 22 天为 1 天做 8 页题。

相比第二阶段的练习题，该部分题目的文章更长，难度也有所提高。除了综合理解与信息检索以外，其他文章几乎都是引用的文章，也会出现日语特有的表现。但是，除了回答问题所必需的词语以外，许多词语故意没有加入翻译和说明。这些词语对于大致理解整体内容来说不太重要，所以还需要跳读的技术。

日本语能力测试　阅读模拟试题

模拟试题采取了与实际的日本语能力测试 N2 级相近的试题数量和试题形式，请在最后通过模拟试题来测试自己的能力。N5～N2 级的汉字未标注假名。

如何提高阅读能力

· 最重要的是在答错题时，要认真思考答错的原因。请重新阅读文章，找出答案在文章的什么地方。答案一定在文章之中。

· 在阅读时请注意接续词、指示代词、省略等。

· 即使出现生词，也不要立即查字典。提高自己的推测能力十分重要。

· 请以目标用时为基准，练习以适当的速度进行阅读。

· 确认答案后，请读出声来吧。请确认是否能够一边阅读，一边理解意思。

Cách sử dụng quyển sách này và ý đồ của bài tập

Bước 1

Cấp độ 1 **Khởi động ❶～❻** (Chủ yếu ôn tập N3)   [Thời gian mục tiêu: 15 phút]

Hãy kiểm tra xem bạn đã nắm vững các mục ngữ pháp và từ vựng đã học ở trình độ N3 chưa. Đánh dấu các bài làm sai và thử làm lại sau một thời gian. Hãy lặp đi lặp lại cho đến khi làm được tất cả. Nhất định hãy làm phần này một lần rồi mới làm bước tiếp theo.

Cấp độ 2 **Bài luyện tập Ngày 1 ~ Ngày 10**   [Thời gian mục tiêu: 25 ~ 30 phút]

1 ngày 4 trang.

Bài tập I là đọc hiểu nghĩa của từ vựng từ đoạn văn. Dù trong đoạn văn có từ không biết cũng có khi hiểu được nghĩa nếu đọc kỹ đoạn văn. Bài tập này là để luyện tập việc này. Ở cấp độ 2, có nhiều bài luyện tập đọc sơ đồ và biểu đồ.

Lúc đầu có nhiều đoạn văn ngắn, ngoài ra câu văn cũng ngắn, không khác gì mấy với bài tập ở trình độ N3 nên có lẽ dễ đọc với các bạn. Hãy từng chút một, tập làm quen với các đoạn văn dài hơn.

Bước 2

Cấp độ 3 **Khởi động ❼, ❽** (Giai đoạn đầu N2)   [Thời gian mục tiêu: 15 phút]

Chủ yếu là bài luyện tập các nội dung ngữ pháp, từ nối, phó từ thường được dùng trong giai đoạn đầu N2. Từ nối thể hiện mối quan hệ giữa câu với câu, đoạn với đoạn nên nếu hiểu được điểm này thì có thể vừa đọc vừa đoán, từ đó có thể đọc nhanh và chính xác. Hãy làm chắc phần này xong rồi tiến đến bước tiếp theo.

Cấp độ 4 **Bài luyện tập Ngày 11 ~ Ngày 16**   [Thời gian mục tiêu: 25 ~ 30 phút]

1 ngày lên thành 5 trang. Hãy cố gắng đọc trong vòng 30 phút.

Văn trích dẫn từ sách, phóng sự trên báo v.v. tăng lên. Do không phải là đoạn văn được viết cho người học trình độ N2 nên sẽ xuất hiện từ khó. Chúng tôi có kèm phần dịch và giải thích bằng tiếng Nhật đơn giản nhưng hãy tích lũy khả năng đoán nghĩa từ ngữ cảnh. Ngoài ra, đoạn văn cũng dài hơn một chút, bạn hãy cố gắng vừa đọc vừa suy nghĩ xem tổng thể đoạn văn nói gì.

Bước 3

Cấp độ 5 **Khởi động ❾, ❿** (N2)   [Thời gian mục tiêu: 15 phút]

Do ở phần này có nhiều mục ngữ pháp học ở trình độ N2, vì vậy có thể khó đối với những bạn chưa học. Những người như vậy có thể bỏ qua phần này, làm bước tiếp theo cũng không sao.

Cấp độ 6 **Bài luyện tập Ngày 17 ~ Ngày 22** [Thời gian mục tiêu: 25 ~ 35 phút]

Ngày 17 ~ 21 làm 6 trang, ngày thứ 22 làm 8 trang.

So với bài luyện tập của bước 2, đoạn văn dài hơn và độ khó cũng tăng lên. Ngoài các đoạn văn hiểu tổng hợp và tìm kiếm thông tin, hầu hết là văn trích dẫn nên những cách diễn đạt đặc thù của tiếng Nhật cũng xuất hiện. Tuy nhiên, ngoài những từ cần thiết để trả lời câu hỏi, số từ không được dịch và giải thích cũng nhiều hơn. Vì có cả những từ không quan trọng lắm trong việc lý giải đại khái tổng thể nên bạn cần cả kỹ thuật đọc bỏ qua những chỗ đó.

Kỳ thi Năng lực tiếng Nhật   Bài tập đọc hiểu thi thử

Do đây là phần có số lượng và hình thức câu hỏi gần với câu hỏi của kỳ thi thật Kỳ thi Năng lực tiếng Nhật N2 nên cuối cùng, bạn hãy thử sức mình ở phần này. Những chữ Hán ở trình độ N5 ~ N2 thì không có cách đọc (furigana).

Để có được năng lực đọc hiểu

-Việc quan trọng nhất là khi câu trả lời sai, bạn suy nghĩ kỹ tại sao sai. Bạn hãy đọc lại đoạn văn lần nữa và tìm xem câu trả lời nằm ở đâu. Câu trả lời chắc chắn nằm trong đoạn văn đó.

-Hãy lưu ý các từ nối, đại từ chỉ định, giản lược v.v. để đọc.

-Dù có từ vựng không hiểu, cũng không được tra từ điển ngay. Xây dựng năng lực dự đoán mới quan trọng.

-Hãy luyện tập đọc với tốc độ ở mức độ nào đó dựa trên thời gian mục tiêu.

-Sau khi kiểm tra câu trả lời, hãy đọc thành tiếng. Hãy vừa đọc vừa kiểm tra xem mình có hiểu ý nghĩa không.

日本語能力試験 N2 読解について

　日本語能力検定試験 N2 は「言語知識（文字・語彙・文法）・読解」（105 分）、「聴解」（50分）の２科目に分かれています。

　読解の問題構成、問題数、ねらいは以下のようになっています。

1	内容理解 （短文）	5問	生活・仕事などいろいろな話題も含め、説明文や指示文など 200 字程度のテキストを読んで、内容が理解できるかを問う
2	内容理解 （中文）	9問	比較的平易な内容の評論、解説、エッセイなど 500 字程度のテキストを読んで、因果関係や理由、概要や筆者の考え方などが理解できるかを問う
3	統合理解	2問	比較的平易な内容の複数のテキスト（合計 600 字程度）を読み比べて、比較・統合しながら理解できるかを問う
4	主張理解 （長文）	3問	論理展開が比較的明快な評論など、900 字程度のテキストを読んで、全体として伝えようとしている主張や意見がつかめるかを問う
5	情報検索	2問	広告、パンフレット、情報誌、ビジネス文書などの情報素材（700 字程度）の中から必要な情報を探し出すことができるかを問う

出典　日本語能力試験公式ウェブサイト（http://www.jlpt.jp/）

About the N2 Level JLPT Reading Section

The N2 level Japanese-Language Proficiency Test is divided into two test sections: "Language Knowledge (Vocabulary/Grammar)" [105 min.] and "Listening" [50 min.].

The question structure, number of questions, and purpose of the Reading section are as follows:

1	Reading Comprehension (Short Passages)	5 questions	Test your ability to read explanations, instructions, etc. (about 200 characters each) on a variety of topics including lifestyle and work, and to understand the content.
2	Reading Comprehension (Mid-Length Passages)	9 questions	Tests your ability to read relatively easy commentary, explanations, essays, etc. (approximately 500 characters) and understand things such as cause-effect relations, reasons, summaries, and the author's way of thinking.
3	Integrated Comprehension	2 questions	Tests your ability to read multiple relatively simple passages (totaling approximately 600 characters) and make comparisons or integrate information to understand the content.
4	Thematic Comprehension	3 questions	Tests your ability to read relatively articulate commentaries and other such passages (approximately 900 characters) and understand the overall assertions or views the author is trying to express.
5	Information Retrieval	2 questions	Tests your ability to read and extract the necessary information from materials such as advertisements, pamphlets, newsmagazines, and business documents (approximately 700 characters).

Source: Japanese-Language Proficiency Test Official Website (http://www.jlpt.jp/)

关于日本语能力测试 N2 级阅读

日本语能力测试 N2 级分为"语言知识（文字、词汇、语法）、阅读"（105 分钟），"听力"（50 分钟）2 个测试科目。

阅读部分的试题结构、试题数量、测试目标分别如下。

1	**内容理解（短篇）**	5 道题	阅读 200 字左右的有关生活、工作等内容的说明文、指示文等的文章后，是否能够理解其内容。
2	**内容理解（中篇）**	9 道题	阅读 500 字左右的内容较为通俗易懂的评论、解说、散文等文章后，是否能够理解文章中的因果关系、理由、概要和笔者的想法等。
3	**综合理解**	2 道题	对比阅读内容较为通俗易懂的多篇文章（合计 600 字左右）后，是否能够一边进行比较、综合，一边理解其内容。
4	**主张理解（长篇）**	3 道题	阅读 900 字左右的逻辑条理较为清晰的评论等文章后，是否能够掌握整体想要传达的主张和意见。
5	**信息检索**	2 道题	是否能够从广告、宣传册、信息刊物、商务文书等信息素材（700 字左右）中获取必要的信息。

出自：日本语能力测试官方网站（http://www.jlpt.jp/）

Kỳ thi Năng lực tiếng Nhật N2 được chia thành 2 môn "Kiến thức ngôn ngữ (Chữ - Từ vựng – Ngữ pháp) – Đọc hiểu" (105 phút), "Nghe hiểu" (50 phút).

Cấu trúc câu hỏi, số câu hỏi, mục tiêu của phần Đọc hiểu như sau:

1	Hiểu nội dung (đoạn văn ngắn)	5 câu	Bạn sẽ đọc bài viết khoảng 200 chữ như văn giải thích và văn chỉ thị, bao gồm các vấn đề khác nhau như đời sống, công việc v.v. và sẽ được hỏi xem có hiểu nội dung không
2	Hiểu nội dung (đoạn văn trung bình)	9 câu	Bạn sẽ đọc bài khoảng 500 chữ như các bài bình luận, giải thuyết, tản văn v.v. có nội dung tương đối đơn giản và sẽ được hỏi xem có hiểu mối quan hệ nguyên nhân kết quả và lý do, khái quát hay cách suy nghĩ của tác giả v.v. không
3	Hiểu tổng hợp	2 câu	Bạn sẽ đọc so sánh một số bài có nội dung tương đối đơn giản (tổng cộng khoảng 600 chữ) và sẽ được hỏi có vừa so sánh, tổng hợp vừa hiểu được không
4	Hiểu chủ trương	3 câu	Bạn sẽ đọc bài khoảng 900 chữ như bình luận mà triển khai logic có tính so sánh rõ ràng v.v. và được hỏi xem có nắm được chủ trương hay ý kiến mà tổng thể bài đọc muốn truyền tải không
5	Tìm kiếm thông tin	2 câu	Bạn sẽ được hỏi xem có tìm ra thông tin cần thiết từ tài liệu thông tin (khoảng 700 chữ) như quảng cáo, tập giới thiệu, tạp chí thông tin, văn bản thương mại v.v. không

Nguồn: trang web chính thức của Kỳ thi Năng lực tiếng Nhật (http://www.jlpt.jp/)

目次

Step 1

Step 2

Step 3

Step 1

問題Ⅰ　（　　　）の中から、良いものを選びなさい。

1　A：先日はご迷惑（めいわく）をおかけして、申（もう）し訳（わけ）ありませんでした。

　　B：いいえ、（　こんな・そんな　）ことはお気になさらないでください。

2　A：あ、それ私がやります。

　　B：いいえ、（　こんな・そんな　）ことはすぐ終わりますから。

3　A：レポート、書いた？

　　B：えっ？　何のレポート？

　　A：ほら、山田（やまだ）先生の経営学（けいえいがく）。

　　B：ああ、（　これ・あれ　）。すっかり忘れてた。

4　ミン：キムさん、昨日、きれいな人と歩いていましたね。恋人ですか？

　　キム：えっ？　ああ、（　これ・それ・あれ　）はいとこですよ。初めて日本へ来たんで、
　　　　　案内（あんない）してたんです。

5　アン：もしもし、リサさん、元気？

　　リサ：うん。元気だけど、暑くて大変。（　そっち・あっち　）は？

　　アン：（　こんなに・そんなに　）暑くないよ。ところで、ジョンさんはどうしてるか、
　　　　　知ってる？

　　リサ：うん。（　そっち・あっち　）は季節（きせつ）が反対だから、寒くて大変らしいよ。

問題Ⅱ　質問に答えなさい。答えは（　　　）の中から、良いものを選びなさい。

1　A：すみませんが、来週までにご連絡（れんらく）いただければと思います。

　　B：わかりました。

　　→　連絡（れんらく）する人は？　　　　　　　　　　　　　　　　（　A　・　B　）

2　A：その仕事、私にさせていただけませんでしょうか。

　　B：わかりました。

　　→　仕事をする人は？　　　　　　　　　　　　　　　　　　　　（　A　・　B　）

3　A：この部屋は19時まで使っていただいてかまいません。

　　B：わかりました。

　　→　この部屋を使う人は？　　　　　　　　　　　　　　　　　　（　A　・　B　）

A：レポートの資料、Cさんに貸してあげたらなくされちゃったんだ。

B：それは困ったね。

→ 資料をなくした人は？　　（　A　・　B　・　C　）

→ 今、困っている人は？　　（　A　・　B　・　C　）

問題Ⅲ　下の文が上の文の内容と合っていたら〇、違っていたら×を書きなさい。

1 私も小林さんが持っているようなバッグが欲しい。

（　　）私は小林さんの欲しがっているバッグを持っている。

2 ここにいると、自分の家にいるみたいに落ち着く。

（　　）ここは自分の家ではない。

3 病気らしい病気はしたことがない。

（　　）軽い風邪さえ一度も引いたことがない。

4 あと5分あれば全部できたのだが。

（　　）5分後には全部できると思う。

5 夜高速道路を走る車を調べてみると、昼間に比べトラックが多い。

（　　）昼間の方が夜よりトラックが少ない。

6 来年こそ絶対に合格してみせる。

（　　）今年は不合格だった。

7 明日、雨が降ってくれないかな。

（　　）私は明日雨が降ることを望んでいる。

8 鈴木さんに翻訳をやってもらったら、すぐ終わった。

（　　）鈴木さんが翻訳を頼んだ。

9 パーティーの司会をやらせてもらった。

（　　）友だちに私のパーティーの司会をしてくれるよう頼んだ。

問題Ⅰ 　（　　　）の中から、良いものを選びなさい。

1 宿題をしなければならないのに、つい漫画を読んでしまう。

（　こんな・そんな　）ことじゃだめだと思っているのだが……。

2 弟は夢ばかり見ていて、現実を見ようとしない。

（　こんな・そんな　）ことじゃだめだと言ったのだが……。

3 子どものころ、犬にほえられて怖い思いをしたことがある。

私は（　これ・それ　）以来、犬が苦手だ。

4 小学生のころは時間がたっぷりあった。（　この・その・あの　）ころがなつかしい。

5 車のキーを車内に置いたままドアをロックしてしまったことはありませんか。

（　こんな・あんな　）とき、○○サービスに加入していると便利です。

6 鈴木：高橋さん、昨日渋谷を歩いてたでしょ。

高橋：えっ？　昨日はずっと家にいましたけど……。

　　　ああ、（　これは・それは・あれは　）双子の姉ですよ。

問題Ⅱ 　下の文が上の文の内容と合っていたら○、違っていたら×を書きなさい。

1 チンさんは素直だから、ホームステイ先でもかわいがられるだろう。

（　　　）チンさんがホームステイに行く家の人たちは、とてもかわいい。

2 クラスメートのヤンさんは年上なので、友だちというより姉のようだ。

（　　　）友だちのお姉さんは私より年上で、ヤンさんという。

3 薬を飲んでも気分は悪くなるばかりで、ぜんぜん良くならない。

（　　　）ふつう、薬を飲んだだけでは、病気は治らないものだ。

4 彼がそんなことで怒っているとは思ってもみなかった。

（　　　）彼が怒っている理由はまだわからない。

（　　　）私は彼に対してとても怒っている。

（　　　）彼は意外な理由で怒っている。

5 ヨウ「もっと食べないと」

リン「うん」

（　　　）リンさんがあまり食べないので、ヨウさんが心配している。

（　　　）ヨウさんがリンさんに、食べる量を減らすように忠告している。

（　　　）ヨウさんがリンさんに、たくさん食べるように勧めている。

6 これは何度も話し合った上の結論だ。

（　　　）よく話し合った上で結論を出したい。

7 上田「雨が降りそうですね。かさ、お持ちですか」

山川「ええ、ありがとうございます」

（　　　）この後、上田さんは山川さんにかさを貸してあげる。

8 高橋「かさ、2本あるので、よかったらお貸ししましょうか」

小林「いいんですか。ありがとうございます」

（　　　）この後、高橋さんは小林さんにかさを貸してあげる。

問題Ⅲ　後ろに続くものとして、良いものを選びなさい。

1 この漢字は覚えているつもりだった。＿＿＿＿＿＿＿＿。

① だから、テストに出てもできるはずだ

② しかし、テストでは間違えてしまった

2 医学の進歩のおかげで、昔は治らなかった病気も＿＿＿＿＿＿＿。

① 治ってほしい　　　　　　② 治るようになった

③ 治らないかもしれない

3 発車まで10分もないから、たとえ走ったとしても＿＿＿＿＿＿＿。

① 間に合わないだろう　　　② やっと間に合った

4 このレストランは料理の味もサービスもすばらしい。その代わり＿＿＿＿＿＿。

① 値段は安くない　　　　　② 雰囲気も良い

5 彼女は何か言いかけたが、＿＿＿＿＿＿＿。

① それは驚くような話だった　② 結局何も言わなかった。

6 外が寒いからといって＿＿＿＿＿＿＿。

① 家にばかりいるのは健康に良くない　② 風邪をひいたわけではない

問題Ⅰ　　質問に答えなさい。答えは（　　　　）の中から、良いものを選びなさい。

1 申し訳ありませんが、今電車の中なので、5分ほど後でお電話させていただいてもよろしいでしょうか。

　　→5分後に電話する人は？　　　　　　　　　　　　　　　　（　私　・　相手　）

2 お手紙拝見しました。お返事が遅くなって申し訳ありません。

　　→先に手紙を書いた人は？　　　　　　　　　　　　　　　　（　私　・　相手　）

3 私：お父様、日本酒がお好きだと伺っていたので、お持ちしました。

　　相手：ありがとうございます。父も喜びます。

　　→日本酒が好きな人は？　　　　　　　　（　私　・　私の父親　・　相手の父親　）

　　→日本酒を持って来た人は？　　　　　　（　私　・　私の父親　・　相手の父親　）

問題Ⅱ　　下の文が上の文の内容と合っていたら○、違っていたら×を書きなさい。

1 昨日は飲みすぎてしまい、もう少しでホームから線路に落ちるところだった。

　　（　　　　）昨日酔っ払ってホームを歩いていたところ、線路に落ちてしまった。

2 私はネックレスを、姉はバッグを母に贈った。

　　（　　　　）私は姉にネックレスを贈った。

3 田中さん以外はそろったので、10分遅れで出発した。

　　（　　　　）全員そろって出発した。

　　（　　　　）田中さんは私たちより10分遅れて出発した。

4 最近、貯金が減る一方だ。なんとかしないと。

　　（　　　　）貯金は増えたり減ったりで、なかなか目標額にならない。

5 「お嬢様が大学に合格なさったとのこと、おめでとうございます」

　　「ありがとうございます」

　　（　　　　）私が今話している相手はお嬢さんである。

　　（　　　　）私はお嬢さんが大学に合格したことを今相手から聞いたばかりだ。

6 チン「あ、グエンさん、こんなところでどうしたんですか」

グエン「ここでキムさんと 10 時に会うことになっていたんですが」

（　　　）キムさんとグエンさんはここで会う約束をしていた。

（　　　）キムさんとグエンさんの約束をチンさんは知らなかった。

（　　　）キムさんはまだここに来ていない。

7 このような食生活が、体に良いのではないかと思う。

（　　　）このような食生活では病気になるかもしれない。

問題Ⅲ　　後ろに続くものとして、良いものを選びなさい。

1 山田（やまだ）さんのことだから、＿＿＿＿＿＿。

①　多分 10 分は遅れてくるだろう　　②　いつも約束の時間に間に合わない

2 毎日寒いせいか＿＿＿＿＿＿。

①　雪が降っているようだ　　②　どうも体の調子があまり良くない

3 このチームはキャプテンを中心に＿＿＿＿＿＿。

①　オリンピック出場を目標（もくひょう）にしている　　②　優勝（ゆうしょう）を目指してがんばっている

4 難しい本を読んでいるうちに＿＿＿＿＿＿。

①　外を見ると雨が降っていて驚（おどろ）いた

②　いつの間にか寝てしまっていた

5 ちょっと頭が痛いくらいで＿＿＿＿＿＿。

①　試験前に学校を休むなんてできない　　②　明日休むと先生に連絡（れんらく）した

6 ジョンさんは頭が良い上に＿＿＿＿＿＿。

①　お姉さんも頭が良い　　②　スポーツも得意だ

7 学生にとっては安いかどうかが大切かもしれないが、私にとっては＿＿＿＿＿＿。

①　あまり高くないものだと思う　　②　値段は重要ではない

8 雪が降っていたが、バスは遅れることなく＿＿＿＿＿＿。

①　電車も遅れなかった　　②　目的地に到着した

9 まだ仕事に慣れていないもので＿＿＿＿＿＿。

①　失敗ばかりですみません　　②　これからもっとがんばるつもりです

問題Ⅰ   下の文が上の文の内容と合っていたら〇、違っていたら×を書きなさい。

1 A：何してるの？　見せて。

　　B：ごめん。見ないでくれる？

　　（　　　　）BはAに見せたくないと思っている。

2 どんな手を使ってでも勝ちたい。

　　（　　　　）勝つためなら何でもするつもりだ。

3 田中さんにまで裏切られた。

　　（　　　　）私を裏切ったのは田中さんだけではない。

　　（　　　　）田中さんは私を裏切らないだろうと思っていた。

4 この市に住む外国人でさえあれば、このスピーチコンテストに出場できる。

　　（　　　　）この市に住んでいる外国人なら、だれでもこのコンテストに出場できる。

5 最近仕事仕事で家族とゆっくりする時間もなく、ストレスがたまるばかりだ。

　　（　　　　）仕事が忙しいのでストレスだけがたまり、家族とゆっくりできない。

6 中村「この話は部外者にしてはいけないことになっているんです。だから、聞かなかった
　　　　ことにしてください」

　　（　　　　）中村さんは結局この話をしてくれなかった。

問題Ⅱ   後ろに続くものとして、良いものを選びなさい。

1 体調さえ良かったら_____。

　　①　必ず旅行しないと　　　　　　　　②　旅行したかったのだが

2 彼女は人の話をちゃんと聞いていないらしく、_____。

　　①　何度も同じことを質問する　　　　②　他の人も彼女の話を聞こうとしない

3 成績優秀な山田さんなら、_____。

　　①　きっと東京大学に合格できるだろう

　　②　東京大学にも京都大学にも合格できた

4 あの会社は給料が高いばかりか_____。

　　①　休みも多いので学生に人気がある　　②　休みは少ないので社員は疲れている

5 日本で生活する以上、＿＿＿＿＿＿。

① 数年後にはアメリカに行きたい　　② 日本の法律を守らなければならない

6 書類を書く上で＿＿＿＿＿＿。

① 注意しなければならないことが、ここに書いてあります

② 写真を貼って窓口にお出しください

7 彼は3か月も日本語を勉強していながら、＿＿＿＿＿＿。

① アルバイトもがんばっている　　② まだひらがなも書けない

8 手術を繰り返すくらいなら＿＿＿＿＿＿。

① 医者とよく相談しなければならない

② たとえ人生が短くなっても、家で家族と過ごしたい

問題Ⅲ　これは2001年に書かれた文章です。下線①〜⑥の中で、事実を言っているものを選びなさい。答えは一つとは限りません。

　　先日、中央アジアのある国へ行ったら、①そこで会った人の多くが携帯電話を持っていた。私は驚いてしまった。②もしかしたら、携帯電話の普及率は、「先進国」日本より高いのではないか。その国の友人の話によると、③家に電話がある人より、携帯電話を持っている人の方が多いかもしれないということだった。「遊牧民※1が羊※2を呼び集めるとき、羊に携帯で連絡するという冗談もあるほどです」とその友人は言っていた。

　　④なるほど、買う方も売る方も、固定電話より携帯電話の方が簡単なのだろう。⑤日本では、長い時間をかけて固定電話が普及し、公衆電話も数多く設置され、そのあとに携帯電話が登場した。⑥しかしこの国では、そうではない。文明の発展、社会の変化のしかたは国によってちがうのだということがよくわかって面白かった。

※1　遊牧民：nomad　游牧民　dân du mục

※2　羊：sheep　羊　con cừu

（　　　　　　　　）

問題 I　　質問に答えなさい。答えは（　　　）の中から、良いものを選びなさい。

1 私：山田さん、次のミーティングのテーマのことで佐藤くんから電話が行くと思うんで、ちょっと考えておいて。

→電話を待つ人は？　　　　　　　　　　　（　私　・　山田　・　佐藤　）

2 原田：もしもし、Ｙ銀行の原田ですが、高橋部長はいらっしゃいますか。
前原：申し訳ございません。高橋はただいま席を外しております。戻りましたら、ご連絡させます。

→連絡する人は？　　　　　　　　　　　（　原田　・　高橋　・　前原　）

3 Ａが「思い出」という小説を書いた。Ｂがその小説家の人生をドラマ化し、この秋テレビで放映されることになった。その取材のためにアメリカにまで行き、留学した大学、滞在したアパート、交流のあった人々に話を聞いたという。

→取材でアメリカへ行った人は？　　　　　　　　　　　（　Ａ　・　Ｂ　）

問題 II　　下の文が上の文の内容と合っていたら〇、違っていたら×を書きなさい。

1 あのとき友だちの話をちゃんと聞いてあげればよかった。
（　　　）私は友だちの話に耳を傾けることができなかった。

2 彼はアルバイトを始めてまだ３日だから、多少のことは許してあげなきゃ。
（　　　）彼は新人だから、少しぐらい失敗してもしかたがない。

3 夜になり、風がいっそう強くなった。
（　　　）昼は風は吹いていなかったが、夜は強い風が吹いている。

4 「今度駅前にオープンしたパン屋です。よろしくお願いします」
（　　　）パン屋はもうすぐ開店する。

5 北野「昨日は途中で帰ってしまってすみません」
西田「大丈夫、あとはやっておいたから」
（　　　）西田さんは北野さんのやり残した仕事をあとでやる予定だ。

6 「マリアさんはしょっちゅう遅れて皆を待たせるんだから。今日だって……」

（　　　　）マリアさんは今日も待ち合わせに遅れた。

（　　　　）マリアさんは今日、珍しく遅れて来た。

（　　　　）マリアさんはよく遅れて来るが、今日は遅れなかった。

7 彼は単なる友人だ。

（　　　　）彼は私のたった一人の友人だ。

8 一度に漢字を 20 個なんて、とても覚えられない。

（　　　　）一度見ただけでは漢字を 20 個も覚えられない。

9 新宿で買い物をしていたら、昔の友人にばったり会った。

（　　　　）新宿で昔の友人と待ち合わせて、一緒に買い物をした。

問題Ⅲ　　後ろに続くものとして、良いものを選びなさい。

1 スマートフォンは便利な反面＿＿＿＿＿＿。

①　時々不便なこともある　　　　　②　使いすぎによる問題も出てきている

2 レポートを書くからには＿＿＿＿＿＿。

①　できるだけ良いものを書きたい　　②　図書館でたくさん本を借りた

3 すみません、知らなかったものですから＿＿＿＿＿＿。

①　教えてください　　　　　　　　②　間違えてしまいました

4 あれ、ログインできない。＿＿＿＿＿＿。

①　ID とパスワードを入れればできるはずなのに

②　ID とパスワードが間違っているはずだ

5 田中さんが嫌いというわけではないが、＿＿＿＿＿＿。

①　人に対してちょっと厳しすぎると思う

②　人に対して厳しいからだ

6 スピーチコンテストに出ると言ったものの＿＿＿＿＿＿。

①　まだ何も準備していない　　　　②　友だちは出ないと言う

問題Ⅰ　下の文が上の文の内容と合っていたら〇、違っていたら×を書きなさい。

1 若いころにもっと本を読んでおくべきだった。

（　　　）若いころにあまり本を読まなかったことを後悔している。

2 リンさんの実力なら、ミスさえしなければ合格は確実だろう。

（　　　）リンさんは実力があるので、ミスをしても合格できるだろう。

3 新しいパソコンが欲しいが、借金してまで買おうとは思わない。

（　　　）安いパソコンなら、借金しなくても買うことができる。

4 目上の人にそんな言葉を使うものではない。

（　　　）その言葉は目上の人にはふさわしくない。

5 小学生ならともかく、中学生が間違えるなんて。

（　　　）中学生はもちろん、小学生が間違えるのもおかしいと思う。

（　　　）小学生は間違えてもしかたがないが、中学生が間違えるのはおかしいと思う。

6 この間初めて沖縄に行った。沖縄の海があんなに青いとは。

（　　　）沖縄の海が青いのはよく知られていることだ。

（　　　）沖縄の海の青さは予想以上だった。

問題Ⅱ　後ろに続くものとして、良いものを選びなさい。

1 あまりやりたい仕事ではないが、どうしてもと頼まれれば＿＿＿＿＿＿。

①　やるつもりはない　　　　　　　②　やらないこともない

2 くわしく調べてみないことには＿＿＿＿＿＿。

①　許されることではない　　　　　②　はっきりしたことは言えない

3 会場には学生もいれば＿＿＿＿＿＿。

①　私も行きたかったのだが　　②　社会人もいた　　③　社会人はいなかった

4 A：マイさんいる？

　　B：ううん、コンビニへ行くって出て行ったきり＿＿＿＿＿＿。

①　帰ってこないよ　　　　　②　職員室へ行ったみたい

5 両親とよく相談した上でなければ＿＿＿＿＿＿。
  ① まず先生にご意見を伺いたいと思います
  ② お返事できません

6 あの店ではお客さんの要望に応じて＿＿＿＿＿＿。
  ① 安くしてもらいたい　　　② 宅配サービスを始めたそうだ

7 駅前のショッピングモール建設をめぐって＿＿＿＿＿＿。
  ① 建設会社は今年中に完成させようと急いでいる
  ② 意見が対立し、話し合いが進まない

8 返さなければならない奨学金なんて、奨学金というより＿＿＿＿＿＿。
  ① 借金と言ってもいいのではないだろうか
  ② アルバイトで得たお金の方が多いくらいだ

9 あの会社は一方でリストラを進めながら、＿＿＿＿＿＿。
  ① さらに労働者を辞めさせるそうだ
  ② 他方では新工場を建設している

問題Ⅲ 質問に答えなさい。答えは（　　　）の中から、良いものを選びなさい。

1

　アリやハチのような、単独行動をせずに集団行動をする昆虫は、社会性昆虫と言われている。

問　アリやハチは単独行動を（　する・しない　）。

2

　ものが売れない時代と言われているが、その原因として、発売される商品が多過ぎて消費者が商品そのものをよく知らないこと、インターネットの発達で購入者の評価を容易に調べることができ、その評価に影響を受けて買うのをやめてしまうことなどがあげられている。

問　ものが売れない原因はいくつ書いてありますか。　　　　　（　二つ・三つ　）

問題 I　＿＿＿＿の言葉の意味として、正しいものを下の①〜③の中から選びなさい。

電気製品を買って、使い始めてから調子が悪いときは<u>メーカー</u>に問い合わせた方が良い。食品で何か気づいたときも同様である。インターネットのホームページや電話などで対応してくれる。

① 電気製品に詳しい人
② 食品を売っている店
③ 製品を作った会社

（　　　　）

問題 II　次の文章を読んで、後の質問に答えなさい。

最近、日本人の顔が変わってきているという。昔は四角い顔だったのが、逆三角形に近づいているらしい。理由は食べ物が変わったことだそうだ。

考えてみれば、昔はおやつにもおせんべいやスルメなど硬いものをよく食べていたが、今はビスケットやアイスクリームなど柔らかいものが多い。長い目で見ても、昔の人ほどあごが大きいそうだ。この調子で行くと、この先も日本人の顔は変化していくだろう。

問　この文章によれば、日本人の顔はこの先どのように変化していくと考えられますか。

_____

問題Ⅲ 次の文章を読んで、文章の内容と合っているものを選びなさい。答えは一つ
とは限りません。

1

> とつぜんですが、地球にはどれくらいの種類の生き物がいると思いますか？（略）
>
> 人間が今までに発見した生き物は、だいたい 400 万種くらいといわれていますが、毎
> 日のように新種が発見され、その数はどんどんふえています。人間がまだ見つけていな
> い生物もふくめると、数億種になる、という説もあります。

今泉忠明 監修『ざんねんないきもの事典』高橋書店

① 地球に住む生き物の数は今もふえ続けている。

② 地球にはまだ人間が発見していない生物もある。

③ 地球上の生き物の種類の数は、まだはっきりわかっていない。

（　　　　　　　　　　）

2

> イルカ※1 は人間と同じほ乳類※2 ですが、水中の生活に適応しており、陸上では生きて
> いけません。しかし、魚のようなえら※3 呼吸はできないため、頭のてっぺん※4 にある鼻
> のあなをちょくちょく※5 水面に出して息をする必要があります。
>
> そのため、イルカは完全に眠ってしまうと、おぼれて死にます。ただし、まったく眠ら
> ないわけではありません。イルカは水面近くをゆっくり泳ぎながら、数分ごとに目を交互
> にとじて、脳を半分ずつ休めることができるのです。安眠とはほど遠いのですが、これ
> を1日に 300 回以上くり返して、なんとか眠っているようです。

今泉忠明 監修『ざんねんないきもの事典』高橋書店

※1　イルカ：dolphin　海豚　cá heo

※2　ほ乳類：mammal　哺乳类　động vật có vú

※3　えら：gills　鰓　mang cá

※4　てっぺん：一番上

※5　ちょくちょく：たびたび

① イルカは泳ぎながら眠る。

② イルカはほ乳類だが水中で呼吸ができる。

③ イルカは目を閉じることによって脳を休ませる。

④ イルカは1日の半分を眠って過ごす。

（　　　　　　　　　　）

問題Ⅳ 　②～④を正しい順番に並べて、まとまった文章にしなさい。

① 今週は、みなさんに超お買い得な商品をご紹介します。

② ただし使いみちは平和利用に限られます。

③ それは1週間限定で超能力者になれる権利。

④ ちょっと使えるだけでもミラクルパワー、あったら便利ですよね。

⑤ いつものように分割払いの金利・手数料は当社負担。お電話、お早めに！

2018年4月21日　朝日新聞デジタル https://www.asahi.com/articles/DA3S13458085.html

①→ （　　　　　）→（　　　　　）→（　　　　　）→⑤

問題Ⅴ 　次の文章を読んで、後の質問に答えなさい。

　大学生の平均読書時間とスマートフォン使用時間の調査結果が最近発表され、以下のようなことがわかった。

　1973年の調査では、読書時間は99分であるが、それが2014年には70分近く減った。読書時間が0分という大学生は3%から41%に増え、60分以上90分未満という大学生は29%から16%に減った。また、別の調査では、新聞を読む平均時間も73年の40分から2005年は10分になっている。

　これに対してスマートフォンは一日163分使用しているという。男女別では男性（2時間32分）よりも女性（2時間57分）の方が長く使用する傾向にある。スマホを持たず、利用時間が0と答えた大学生は4%であった。

問 　上の文章の内容と合っていたら○、違っていたら×を書きなさい。

1 （　　　） 1973年には2014年より大学生の平均読書時間は長かった。

2 （　　　） 2014年の平均読書時間は約70分である。

3 （　　　） 全体的に見ると、全く読書をしない大学生は40年で4割近く増えた。

4 （　　　） 1時間から1時間半ぐらい読書する学生は16%減った。

5 （　　　） 2014年の調査結果によると、読書時間よりスマートフォン使用時間の方がずっと長い。

6 （　　　） 最近の大学生は、本も新聞もあまり読まない傾向にある。

7 （　　　） 女性は男性に比べスマートフォン使用時間が短い。

問題Ⅵ これは六つのホテルの朝食プランの案内です。これを読んで、後の質問に答えなさい。

ホテル朝食プラン

レストラン朝食プラン

Aホテル：和洋バイキング　食事時間　7:00 ～ 10:00

Bホテル：和定食・洋定食のいずれか　食事時間　7:00 ～ 9:00

Cホテル：洋食バイキング　食事時間　6:00 ～ 9:00

朝食ルームサービスプラン

Dホテル：洋定食・和定食　　　　提供時間 6:30 ～ 9:30

Eホテル：おにぎりセット・サンドイッチセット　提供時間 6:00 ～ 9:00

Fホテル：和洋中セットメニューの中からお選びいただけます　提供時間 6:30 ～ 8:30

問　次の人はどのホテルのプランがいいか、A～Fのホテルの中から選びなさい。

1　時間の節約のため、部屋で簡単なものを食べてすぐ出かけたい。

2　朝はできるだけゆっくりしたい。日本食を自分で選びながら食べたい。

3　できるだけ早い時間にチェックアウトしたいが、いろいろなものを食べたい。

1_____ホテル　　　2_____ホテル　　　3_____ホテル

解答時間：25 ～ 30 分

問題Ⅰ ＿＿＿＿の言葉の意味として、正しいものを下の①～③の中から選びなさい。

シャンプーのボトル部分に触ってわかる印がつけられるようになりました。シャンプーのボトルかコンディショナーのボトルか、手で触っても区別できなかったからです。これは、目の不自由な方ばかりでなく、髪を洗う全ての人にとって大変便利です。このような考え方に基づいたデザインをユニバーサルデザインと言います。

① 誰にでも使いやすいデザイン

② 手で触るとわかるデザイン

③ 世界的に有名な人のデザイン

（　　　　）

問題Ⅱ 次の文章を読んで、後の質問に答えなさい。

もう 20 年近く前からだが、単純に「～してくださいますか」や「～してもらえませんか」と言えばいいときに、「～してもらってもいいですか」という言い方を使う人が増えた。表現が長くなれば丁寧度が上がるとでも考えてのことだろうか。そもそも「～てもいいですか」は自分の行為に対する許可を求める表現だと思うのだが。

問 筆者の考えに最も近いものを、下の①～③の中から選びなさい。

① 「～してもらってもいいですか」は「～してくださいますか」より丁寧度が高い感じがする。

② お願いするときは「～してくださいますか」より「～してもらってもいいですか」を使った方がいいと思う。

③ お願いするときに「～してもらってもいいですか」というのはおかしいと思う。

（　　　　）

問題Ⅲ　これはシェアハウスの間取り図です。これを見て、後の質問に答えなさい。

A

＊２階、３階も同じ間取りです

B

＊１階のみ

問　次の人はA、Bどちらのシェアハウスが良いか、（　　　）に書きなさい。

1　シェアハウスと言っても、大人数でなく小規模なところが良い。　　　（　　　）

2　洗面所は共用なので、ワンフロアに二箇所ある家が良い。　　　（　　　）

3　友だちが車で来た際に、車が止められるところが必要だ。　　　（　　　）

4　日本へ来たのだから、たたみの部屋に住んでみたい。　　　（　　　）

問題Ⅳ 相談者と二人の回答者A、Bの文章を読んで、後の質問に答えなさい。

相談者

　私は留学生で、日本の大学に通っています。半年前に日本人との交流会で同年代の友だちができました。とても良い人です。日本語の勉強にもなるし、良かったなと思っていました。でも、最近メッセージが毎日たくさん送られて来ます。内容は大切な用事ではなく「おはよう」「今昼ごはん食べてるよ」「○○を買ったんだ」などです。大学の勉強が忙しく、日本語での返信も私にはそんなに簡単じゃありません。メッセージのやりとりを減らしたいのですが、失礼にならずにどう伝えたらよいでしょうか。

回答者A

　短い文は、日本人にはあまり負担じゃないですよね。でも、留学生には大変なのはよくわかります。友だちに「日本語がまだあまり上手じゃないから、返信はすぐにできない。ごめんね。」と伝えたらメッセージは少し減るかもしれませんよ。

回答者B

　確かに外国語である日本語での返信は大変ですよね。でも、はじめは大変かもしれませんが、ひと言返信するだけでも、同世代の若者が使う日本語を勉強する良いチャンスですよ。日本語の勉強だと思って、楽しんでみてはどうでしょうか。

問 　回答者A、Bはそれぞれどう言っているか、次の①〜④の中から選びなさい。

① 　AもBも、このままメッセージのやりとりを続けていくべきだと言っている。

② 　AもBも、事情を話してメッセージのやりとりを減らした方がいいと言っている。

③ 　Aは相談者の気持ちに理解を示し、Bはこのまま続けた方がよいと言っている。

④ 　Aは友だちの意見を重視し、Bはメッセージで日本語を勉強すべきと言っている。

（　　　　）

問題V 次の文章を読んで、後の質問に答えなさい。

皆さんは消費期限と賞味期限の違いはもう知っていますね。それを過ぎたら食べない方がいいのが消費期限、おいしく食べられる期限を示すのが賞味期限です。では、冷凍食品にも賞味期限があることを知っていますか。商品によって違いますが、だいたい1年から1年半ぐらいです。

市販の冷凍食品はマイナス30度から40度という低い温度で急速に冷凍するため、おいしさも落ちず、栄養分も減らず、長持ちするのです。ただし、マイナス18度以下で保存しなければなりません。家庭の冷凍庫はマイナス18度ですが、開けるたびに温度が上がってしまいます。そうすると品質が落ちるので、なるべく早く、できれば3か月か4か月以内に食べた方がいいでしょう。一度解けたものをもう一度冷凍するのもよくありません。

また、家庭で冷凍する場合は急速に冷凍できないので、市販のものに比べ、[　　　　]。1か月ぐらいで食べ切ることをお勧めします。

問1 [　　　　]に入るものとして最も適当なものを、次の①～④の中から選びなさい。

① 味がおいしくなります
② 保存期間が短くなります
③ 好きな料理を冷凍できます
④ 解凍するのに時間がかかります

（　　　　　）

問2 冷凍食品について、正しいものには○、正しくないものには×を書きなさい。

1（　　）冷凍食品を買ったときは、解けないように注意して持って帰らなければならない。

2（　　）冷凍庫を開け閉めする回数はなるべく少なくした方がいい。

3（　　）賞味期限を過ぎた冷凍食品は食べてはいけない。

4（　　）家庭で作った冷凍食品の方が市販の冷凍食品よりも長持ちする。

問題 Ⅰ 　　_____の言葉の意味として、正しいものを下の①～③の中から選びなさい。

　忙しいときは買い物に行ったり、料理をしたりする時間も短くしたいものです。そういうときに活用したいのが保存食品。缶詰や冷凍食品ばかりではありません。最近ではフリーズドライやレトルトなど、種類も増えました。前者は、お湯をかけるだけで食べられますし、後者は袋のままお湯で温めることができます。ですからこれらは保存食品であると同時に、インスタント食品でもあるのです。多めに買っておき、古くなったものから順番に食べて買い足しておくと、災害時などいざというときにも使えます。

①　お湯をかけるだけで食べられるインスタント食品
②　袋ごとお湯で温めることができるインスタント食品
③　災害時のために開発された保存食品

（　　　　）

問題 Ⅱ 　　次の文章を読んで、後の質問に答えなさい。

1

　家で、あるいは職場で火事になったらどうしたらいいでしょうか。小さな火なら消火器で消せますが、炎が1メートルを越えるほどになったら逃げましょう。

　その際に大事なことは、まず大声で周りに火事を知らせることと、必ずドアを閉めること。そうしないと、煙が猛スピードで追ってきます。火事はどこで発生するかわからないので、日頃から複数の避難経路を頭に入れ、時々チェックしておきましょう。非常口の前に物が置いてあったりしては危険です。また、エレベーターを使ってはいけません。

　煙に含まれる一酸化炭素は無色無臭のガスで、これを吸い込むと一酸化炭素中毒を起こします。火災事故では、実はこれによる死者が大変多いのです。一酸化炭素は空気より軽いので、避難するときには体を低くしましょう。

参考：News がわかる　2018 年 2 月号

問 火事が起こって逃げるときの注意点はいくつ書いてありますか。それを箇条書きにしなさい。

いくつ：＿＿＿＿＿＿＿＿＿＿

＿＿＿＿＿＿＿＿＿＿＿＿＿＿＿＿＿＿＿＿＿＿＿＿＿＿＿＿＿＿＿＿＿＿＿

＿＿＿＿＿＿＿＿＿＿＿＿＿＿＿＿＿＿＿＿＿＿＿＿＿＿＿＿＿＿＿＿＿＿＿

2

お客様各位

いつもありがとうございます。

当店では、お買い物をされたお客様に必要なレジ袋を無料で差し上げております。また、マイバッグのご利用などにより、レジ袋がご不要の際は、店員までお申し出ください。1回のお買い物につき、5円の割引をいたしております。

なお、店員がお渡しする以外にレジ袋が必要なお客様には、1枚につき5円で販売いたしております。

詳しくは店員までおたずねください。

スーパーABC 店長

問 上の文章の内容と合っているものを選びなさい。

①　このスーパーで買い物すると、レジ袋は何枚でも無料でもらえる。

②　このスーパーで買い物すると、誰でもレジ袋を買う必要がある。

③　このスーパーで買い物をして、無料でもらえるレジ袋は1枚だけである。

④　このスーパーで買い物してレジ袋をもらわなかった場合、支払う金額が安くなる。

（　　　　　）

3

国立がん研究センターが、コンビニエンスストア
などでの、たばこの陳列※販売に関するアンケート
調査結果を公表した。回答者は 2,000 人で、内半
分は喫煙者である。

それによると、成人の 55.5％がたばこの陳列販
売禁止に賛成した。それも、「禁止すべき」という厳
しい意見が「どちらかというと禁止すべき」を上回っ
た。さらに、自動販売機の設置禁止に 68.3％が肯
定的だった。

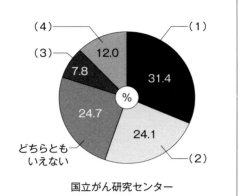

国立がん研究センター

参考：2017 年 6 月 1 日　日本経済新聞

※　陳列：客から見える棚に並べること

問1　上のグラフの（1）に入るものを、次の①～④に中から選びなさい。
① 禁止すべき
② どちらかというと禁止すべき
③ 禁止すべきではない
④ どちらかというと禁止すべきではない

（　　　　）

問2　上の文章の内容と合っていたら○、違っていたら×を書きなさい。
1　（　　　）喫煙者の中にも、たばこの陳列販売はやめるべき、またはやめた方がいいと
　　　　　　考えている人がいる。
2　（　　　）たばこの陳列販売と自動販売機では、後者に対する見方の方がより厳しい人
　　　　　　が多い。

4

　自動運転車の「自動」のレベルは、右の表のように1から5までの5段階ある。そのうち、レベル1の自動ブレーキのついた車はすでに一般に販売されている。さらに、レベル2の車も一部で販売されている。（　1　）、1と2の段階では、運転者の監視が必要だから、「自動運転」といえるのは、レベル3以上だ。

　自動運転で最も重要なことは、「人をはねない」ということだ。（　2　）、まず、どういうものが人なのか、ということをAI（人工知能）に学習させる。そして、車体につけたセンサーやカメラが人を認知したら、ブレーキをかける判断をするようにプログラムをつくる。

　人が歩いていない高速道路で自動運転車を走らせることは、［　A　］。（　3　）、人が急に飛び出すなど予想できないことが起きる一般道の場合は、解決しなければならない課題が多くなる。

　たとえば、2018年3月にアメリカで行われた、［　B　］の車を走らせる実験では、自動運転中のAIが緊急ブレーキの作動が必要だと判断したのに、人がそれに対応できず、事故が起きるケースがあった。

「自動運転」の技術レベルの国の定義

レベル		
5	完全に自動	システムが監視
4	気象、交通などの限定条件あり	
3	システムが要請したときは運転者の対応が必要	
2	高速道路などでウィンカー操作をすると自動で車線変更	「自動運転」✕ 運転者が監視
1	危険時に自動で止まる。車線からはみ出さない。前の車について走る	

提供朝日新聞社

「月刊ジュニアエラ」朝日新聞出版、2019年7月号より一部筆者補足

問1　上の文章の1〜3に入る言葉を、次の①〜④の中から選びなさい。

1　①　しかし　　②　しかも　　③　その上　　④　だから　　　（　　　）

2　①　そうして　②　そのため　③　それでも　④　それなら　　（　　　）

3　①　だから　　②　そして　　③　なぜなら　④　一方　　　　（　　　）

問2　上の文章の［　A　］に入る言葉として、適当なものを選びなさい。

①　大変むずかしいことである　　　　　②　それほどむずかしいことではない

（　　　）

問3　上の文章の［　B　］に入る言葉として、最も適当なものを選びなさい。

①　レベル1　　②　レベル3　　③　レベル5

（　　　）

問題 I　＿＿＿の言葉の意味として、正しいものを下の①～③の中から選びなさい。

「お得なクーポン配布中（はいふちゅう）」「クーポン使い放題」という宣伝（せんでん）を見かける。クーポンはチラシやパンフレットなどから切り取って使うチケットのようなもので、期限内（きげんない）に利用すると料金が少し安くなったり、何か特別なサービスを受けたりすることができる。最近では、紙のクーポンよりもスマートフォンを利用したものが増えている。利用時にスマートフォンでクーポンの画像（がぞう）を提示（ていじ）するという方法である。

① 何度も使うと料金が割引（わりびき）になるサービス

② スマートフォンの料金が安くなるチケット

③ 提示（ていじ）するといろいろなサービスが受けられるチケット

（　　　　）

問題 II　＿＿＿の言葉について、正しいものを下の①～④の中から選びなさい。

日本は多くの食料を海外から輸入（ゆにゅう）している。国内で生産するより輸入（ゆにゅう）したほうが安いものも多い。しかし、輸送（ゆそう）するときにエネルギーを消費するので、それが環境（かんきょう）に悪影響（あくえいきょう）を与える。そこで、生産地に近いところで消費した方が、環境（かんきょう）への負荷（ふか）は低い（ひくい）※。このような考え方から生まれたのがフードマイレージである。これはその食品の重量（じゅうりょう）に輸送距離（ゆそうきょり）をかけた数字で表される。

※　負荷（ふか）が低い（ひくい）：悪い影響（えいきょう）が少ない

① ガソリンが高くなればなるほど、フードマイレージは大きくなる。

② 食品の値段が高くなればなるほど、フードマイレージは大きくなる。

③ 生産地と消費地の間が遠ければ遠いほど、フードマイレージは大きくなる。

④ 生産地と消費地の物価（ぶっか）の差が大きいほど、フードマイレージは大きくなる。

（　　　　）

問題Ⅲ 次のグラフと文章を読んで、後の質問に答えなさい。

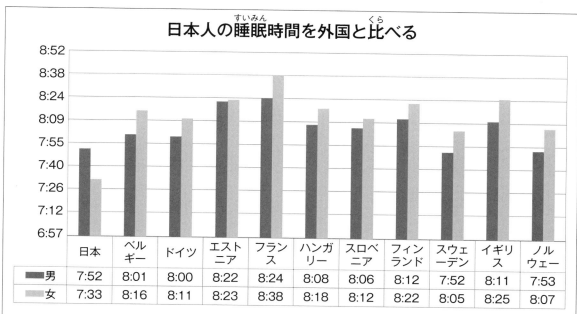

日本人の睡眠時間を外国と比べる

	日本	ベルギー	ドイツ	エストニア	フランス	ハンガリー	スロベニア	フィンランド	スウェーデン	イギリス	ノルウェー
男	7:52	8:01	8:00	8:22	8:24	8:08	8:06	8:12	7:52	8:11	7:53
女	7:33	8:16	8:11	8:23	8:38	8:18	8:12	8:22	8:05	8:25	8:07

太田美音（総務省統計局労働力人口統計室）『統計』2006 年

　上のグラフは諸外国の男女別の睡眠時間を表したものである。もっとも睡眠時間が多いのは、男女ともフランスで、男性は 8 時間 24 分、女性は 8 時間 38 分である。もっとも少ないのは男女とも日本で、男性は 7 時間 52 分、女性は 7 時間 33 分である。日本の男性と諸外国の男性との差は 1 分〜 32 分であるのに対し、女性は 30 分〜 1 時間以上少なくなっている。

問　上のグラフと文章からわかることを選びなさい。答えは一つとは限りません。

① フランスの女性は日本の女性より 2 時間以上長く寝ている。

② 男性の睡眠時間が日本より短い国はない。

③ 男性と女性の睡眠時間がほとんど変わらない国もある。

④ 日本以外の国は女性の方が男性より睡眠時間が長い。

（　　　　　　　　　　）

問題Ⅳ　AさんとBさんが留学について意見を述べています。文章を読んで、後の質問に答えなさい。

Aさん

　「留学は語学のためだ」という人がいます。確かに、留学すると語学力が身につきます。でも、留学は語学のためだけにするものでしょうか。私は留学するなら大学や大学院に進学して、専門をその国の言語か英語で学ぶべきだと考えます。単に「アメリカへ行って英語が話せるようになって帰ってきたい」という気持ちなら行かない方が良いと思います。英語だけ話せても専門性がなければ、就職にもあまり有利ではないと思います。

Bさん

　留学するには、多額の費用がかかりますが、なぜ留学するのでしょうか。日本にも良い環境の大学があり、世界的な研究をしている有名な教授も多くいます。外国人留学生も増えているので、英語を話す機会もあるでしょう。また、英語で行われる授業も最近は増えています。わざわざ留学しなくても、日本の大学で高度な知識を学び、研究できるのではないでしょうか。

問　AさんとBさんは留学についてそれぞれどう言っているか、次の①～④の中から選びなさい。
①　Aは専門を英語で学ぶべきだと言い、Bは日本では良い研究ができないと言っている。
②　AもBもアメリカへ行かなくても英語を身につけることは可能だと言っている。
③　Aは語学のための留学は意味がないと言い、Bは日本でも研究ができると言っている。
④　AもBも留学については専門の勉強や研究をするなら、行った方が良いと言っている。

（　　　）

問題Ⅴ 次の文章を読んで、後の質問に答えなさい。

　最近、広がりつつある「子ども食堂」とは、成長期に経済的な理由で十分な栄養がとれない子どもや、親が働きっぱなしで毎日一人で食事をしている子どもに食事を出す活動である。「子ども食堂」でなら、体にいい温かい食事がみんなで楽しく食べられる。

　ここは通常のレストランとは違い、運営はボランティアによることが多い。料金は一食数百円程度で無料の場合もある。料理の材料は近所の人や店、企業からの寄付もある。光熱費や家賃を市区町村に支援してもらえる場合もある。子どもがつらい思いをしてはいけないと思った人々が協力している。

　「子ども食堂」にはまた、食事を提供する以外にも役割がある。

　「子ども食堂」にはいつもだれかがいる。今日学校で何をしたかを話し、聞いてもらえる。多くの子どもたちが家庭でするはずの経験をここでしているのである。そのような経験を通して、子どもたちは人と人のつながりを学ぶのだ。だから子どもたちは、食事の後も帰らずに宿題をしたりしている。そして最近では近所の大人達もつながり、楽しい交流の場になりつつある。

問1 「子ども食堂」とはどんな食堂か、次の①〜④の中から選びなさい。
① 経済的に恵まれない子どもがボランティアとして働く食堂
② さまざまな事情のある子どもがみんなで温かい食事ができる食堂
③ 家で勉強ができない子どもが、そこで宿題をするための食堂
④ 子どもたちが近所の大人たちと楽しい交流の場を作るための食堂

（　　　　）

問2 「子ども食堂」で宿題をする子どもがいるのはなぜか、次の①〜④の中から選びなさい。
① 学校の勉強がよくわからないから。
② 周りの大人にしろと言われるから。
③ 人と一緒にいるのが楽しいから。
④ 近所の大人の方が親よりも優しいから。

（　　　　）

問題 I　＿＿＿＿の言葉の意味として、正しいものを下の①～③の中から選びなさい。

電車や地下鉄、バスに乗る際に Suica、PASMO などの電子マネーを使う人は多い。これらの電子マネーにお金を<u>チャージ</u>して利用すれば、切符を買う必要がないからである。運賃も切符よりも少し安くなる。また、買い物もできるので便利である。チャージがいくらまでできるかは、発行する会社によって異なっている。電子マネーを無くした際の損失を考えれば、高額のチャージはしない方が良いと思われる。

①　電子マネーを使って乗り物に乗ること

②　電子マネーにお金を入れておくこと

③　電子マネーを使って買い物をすること

（　　　　　）

問題 II　次の文章を読んで、後の質問に答えなさい。

1

最近、自分の親のことを他人に話すときに「お父さんが」「お母さんが」という人が増えているように思う。この言い方は非常に子どもっぽい印象を与える。「父が」「母が」と言うのが適切だろう。「先日、お父さんがお世話になりました。ありがとうございます。」などと聞くと、驚いてしまう。「姉」「兄」と言うべきところを、「お姉さんが」「お兄さんが」と言っているのも耳にする。これとは反対に、ニュースで「A さんの父は…」「B さんの母は…」と他人の親を「父」「母」と言っているのを聞いたこともある。

これは、日本語では内と外の区別があることがわからないからなのか、それともその区別をしなくなってきたという変化なのか。では、区別をしなくなってきた理由とは何なのだろうか。

問　上の文章の内容と合っているものを選びなさい。

①　家族の呼び方が変化してきているが、その理由はよくわからない。

②　日本語には内と外で家族の呼び方に違いがあるとわかっていない人が多い。

③　「父」「母」と言うべきところを「お父さん」「お母さん」と言うのは、家族に対する親しい気持ちを残すためである。

④　家族の呼び方で、内と外の違いがなくなりつつあるのは残念だと思う。

（　　　　　）

2

① 1000円のモノを500円で買う

② 101万円のモノを100万円で買う

ふたつの例のうち、どちらが得をしているだろうか？

1000円のモノを500円で買う。これは2倍得したような気分になる。たしかに、割合にしたら50%引きだ。

それに対して、101万円のモノを100万円で買った場合、値引きの割合はたったの1%弱で、101万も100万も額としてはたいして変わらないような気がする。

しかし、心を落ち着かせてよく考えてほしい——1万円も得をしているのだ！この金額の前では、もはや500円の損得なんてどうでもいい。

だから私は、1万円以下の買い物での損得には目をつぶり、大きな買い物に対してだけ口出しするようにしたのである。

このように、費用の削減はパーセンテージで考えるべきものではなく、絶対額で考えるべきものなのだ。

山田真哉『さおだけ屋はなぜ潰れないのか？』/光文社新書

1
2
練習問題 **5** 日目

問 ＿＿＿＿＿＿の考えと同じものを、次の①〜④の中から選びなさい。

① 50%引きは半額だから得で、1%引きは得ではない。

② 50%の得よりも、1%の得を考えるべきである。

③ 損得は大きな買い物に対してだけ考えた方が良い。

④ 損得は、割合で考えるより金額で考えた方が良い。

（　　　）

問題Ⅲ 　次のグラフと文章を読んで、後の質問に答えなさい。

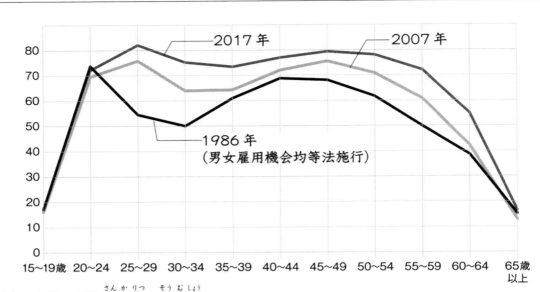

（注）女性の労働参加率。総務省

　　働く女性が増えている。労働力の割合を示すグラフをみると、「M字」から「逆U」の形に変わってきた。男女雇用機会均等法※が施行された 1986 年。結婚・出産期に当たる年代の労働参加率が落ち込み、育児が落ち着いた時期に再び上昇するM字カーブを描いた。
　　総務省が 1 月 30 日発表した労働力調査によると、2017 年はMの谷に相当する 30 代の落ち込みが緩やかになった。40 代以降の労働参加率も軒並み上昇している。（後略）

　　　　　　　　　　　　　　　　　　　　　　　　　2018 年 1 月 30 日　日本経済新聞

※　男女雇用機会均等法：採用にあたって、また仕事上で、男女を差別化してはいけないという法律

問　上のグラフと文章からわかることを選びなさい。答えは一つとは限りません。
　①　中高年で主婦パートとして働き始める人が増えている。
　②　M 字カーブは、結婚・出産期に当たる年代の労働参加率の影響が大きい。
　③　2017 年における 60 ～ 64 歳の労働参加率は 1986 年、2007 年より高い。
　④　逆 U の形になったのは、40 代以降の労働参加率の上昇によるものである。
　⑤　M 字から逆 U の形に変化したのは、働き続ける女性が増えたことを表している。

　　　　　　　　　　　　　　　　　　　　　　　　　　（　　　　　　　　　）

問題Ⅳ 次のお知らせを読んで、後の質問に答えなさい。

＜卒業アルバム用写真撮影のお知らせ＞

今年度の卒業アルバム用の個人写真を撮影します。

日にち：9月25日（水）、27日（金）

時　間：12：00 〜 13：30、17：00 〜 18：30

場　所：2階 事務所

　　　※上記期間の都合の良い日に来てください。

＊撮影の日時に来られない学生は、自分で撮影した写真（3cm × 4cm、裏に学籍番号、氏名を記入）を9月30日（月）17時までに事務所に提出してください。服装は自由ですが、帽子、サングラスは不可です。

〇〇日本語学校　担当：山田

問　このお知らせの内容について、正しいものを選びなさい。

① 撮影してもらう場合は、日時を予約しておく必要がある。

② 卒業アルバムの写真は、スーツを着たものでなくてもいい。

③ 撮影日に来られない学生は、卒業アルバムに写真が載らない。

④ 自分で撮影した写真は、撮影日に持って行かなければならない。

（　　　　）

問題 I _____の言葉の意味として、正しいものを下の①〜③の中から選びなさい。

近年、海に流れ出したビニール袋やプラスチック製品を食べて命を落とすカメやクジラなどの海洋生物が増えており、問題になっています。プラスチック製品の問題はそればかりではありません。たとえばペットボトルが海に流されるとどうなるでしょうか。波や紫外線によって壊され、非常に小さくなります。それをマイクロプラスチックと呼んでいます。マイクロというのは小さいという意味です。それが海にすむ生物に食べられると、消化されずに体内にとどまるため、その個体が死んでしまうこともあるのです。

① 海に流れ出した小さなプラスチック製品

② プラスチックが海で壊され、非常に小さくなったもの

③ 海洋生物が食べてしまった小さなプラスチックのかたまり

（　　　　　）

問題 II 次の文章を読んで、後の質問に答えなさい。

1

子どもたちの裸眼視力（眼鏡をかけないで測る視力）が低下している。正常な数値である1.0未満の子どもの割合は、小学生でも3割以上、中学生となると5割以上で、これは20年前と比較して、それぞれ約2倍、1.6倍である。この伸びは、なんと、スマホの普及とほぼ同じ頃からの傾向なのである。

それだけではない。最近「スマホ老眼」という言葉も生まれている。老眼というのは見ているものがぼやけたり※、近いものが見づらくなったりする症状で、普通は加齢によって起こるが、スマホやゲームのように近くを見続けることも原因になるのだそうだ。

※ ぼやける：はっきり見えなくなる

問1 下線「なんと」はどんな気持ちを表しているか、次の①〜④の中から選びなさい。
① 怒り　② 驚き　③ 疑い　④ 悲しみ

（　　　　　）

問2　筆者がこの文章で伝えたいことは何か、次の①〜④の中から選びなさい。

①　スマホを見続けることは目に悪い。

②　子どもにスマホでゲームをさせてはいけない。

③　スマホを使用していると、早く老眼になる。

④　子どもの視力の低下とスマホの間に関係があるかどうかはわからない。

（　　　　　）

2

　地震に関して述べるとき、よく使われる言葉に「震度」と「マグニチュード」がある。前者はその地域の地面の揺れの強さを表し、地震発生地である「震源地」から遠いほど弱くなる。「震度」は10段階に分けられ、それぞれの状況としては、例えば震度3は「動いていなければほとんどの人が感じる」、震度4は「電灯など、吊り下げられているものが大きく揺れる」などとなっている。一方「マグニチュード」は地震そのものの規模を表わす数値で、地震のエネルギーの強さを表している。M1未満の極微小地震からM8以上の巨大地震まで、いくつかの段階に分けられ、「マグニチュード」が1違うと、エネルギーは32倍になる。

問　「震度」と「マグニチュード」について、正しいものを選びなさい。答えは一つとは限りません。

①　一つの地震につき、「震度」はいろいろあるが、「マグニチュード」は一つである。

②　「震度」と「マグニチュード」は地震の強さを表す点では同じである。

③　住んでいる地域のすぐ下で地震が起こった場合、「マグニチュード」が大きいと、「震度」も大きくなる。

④　「マグニチュード」と「震度」はつながっているので、「マグニチュード」が2倍になると、「震度」も2倍になる。

（　　　　　　　　　）

3

　　コンビニエンスストアのあり方が変わるかもしれません。コンビニの象徴だった24時間営業が、人手不足などを理由に難しくなってきたためです。24時間営業を支える深夜の働き手がなかなか集まらず、続けるのに苦労する店が増えています。（中略）店長が長時間働いて店員不足を補うことも少なくありません。（中略）

　　コンビニの9割以上は、個人事業者が経営しています。そのチェーンの店になるための加盟契約（「フランチャイズ契約」と言います）を本部と結んだ店主です。

　　店側は、本部から、店名を使ったり、本部が開発した商品を売ったりする権利を与えられます。代わりに、利益に応じて一定のお金を本部に払う決まりです。

　　本部は、店の売り上げが増えれば店からもらえる金額も増えますから、営業時間を長くしてもらったほうがいい。店がいつでも開いていれば、客も便利です。ただし、毎日新聞が3月に行った全国世論調査では、24時間営業を見直すべきだと答えた人の割合が79%を占めています。

　　しかし、店側は今、人手不足で営業時間を短くしたいと考えています。経済産業省の調査では、店主の6割が従業員が不足していると答えました。同省はコンビニ大手に対し、店の状況を良くする計画を（中略）作るように求めました。

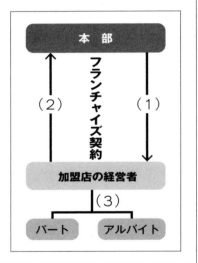

Newsがわかる　2019年5月号より一部改変

問1　上の図の（1）～（3）に入るものを、次の①～③の中から選びなさい。
①　店員を採用して給料を払う
②　商品、営業ノウハウを提供する
③　収益の一定割合を払う

　　　　　　　　（1）＿＿＿＿＿＿　　（2）＿＿＿＿＿＿　　（3）＿＿＿＿＿＿

問2　上の文章からわかることを選びなさい。答えは一つとは限りません。
①　今後は24時間営業をしない店が出てくるかもしれない。
②　営業時間をめぐって、本部と店側の考えが対立している。
③　日本の少子化が進んでいるので、外国人店員が増えている。
④　客は必ずしも24時間営業を望んでいるわけではない。

　　　　　　　　　　　　　　　　　　　　　　　　（　　　　　　　　）

問題Ⅲ　②〜④を正しい順番に並べて、まとまった文章にしなさい。

① コーヒーを飲むと眠気がなくなることは、多くの人が経験しているだろう。これはコーヒーに含まれるカフェインの作用によるものだ。

② このように、カフェインは私たちの普段の生活にも役立っているが、それだけでなく、痛みや炎症※1を抑える作用もあり、薬の成分としても使われている。

③ カフェインには脳の疲れを取って活動を活発にする作用があるのである。

④ カフェインにはまた、体内に熱を作り出す作用もある。朝温かいコーヒーを飲むことは、特に低体温や低血圧の人に効果がある。

⑤ ただし、短時間に大量に飲むとカフェインの血中濃度※2が急激に高まり、めまい※3や興奮※4、不安などにつながることもあるので、注意が必要だ。

※1　炎症：inflammation　炎症　chứng viêm
※2　血中濃度：ここでは血液中のカフェインの量
※3　めまい：dizziness　头晕　chóng mặt
※4　興奮：excitement　兴奋　phấn khích

①→（　　　　）→（　　　　）→（　　　　）→⑤

問題 I _____の言葉の意味として、正しいものを下の①〜③の中から選びなさい。

最近建て替えられた団地の1棟は、シェアリングを前提に設計された、新しいタイプの集合住宅です。玄関を入ると大きなリビングダイニングとキッチン、周りに四つの独立した部屋、そして部屋と部屋の間にバス・トイレがあります。家具や家電製品、調理器具などは備わっており、1階にはコインランドリーもあります。身の回りのものだけを持って入居でき、一人暮らしに比べ家賃も安いので、若いサラリーマンや学生の需要が見込まれます。また、近くの大学が何部屋かを寮として借り上げる予定もあるそうです。

①　経済的に恵まれない社会人と学生が一緒に住むこと
②　一種の大学寮で、四人が共同生活を送ること
③　大きい家を何人かで借りて一緒に住むこと

（　　　　　）

問題 II 次の文章を読んで、後の質問に答えなさい。

1

「子どもは風の子」と言われている。冬、冷たい風の吹く寒い日、大人なら家にいるような日でも、子どもは元気に外で遊んでいる。子どもは外遊びが大好きなだけでなく、実際、寒さに強いのだ。その理由の一つに、基礎代謝がある。基礎代謝は生命活動に必要な最低限のエネルギーのことであるが、これが高い方が寒さには強いそうだ。年を取るにつれて基礎代謝が下がり、寒さに弱くなるのである。

問　「子どもは風の子」と言われる理由は何か、次の①〜④の中から選びなさい。
①　子どもはいつでも遊ぶことが好きだから。
②　子どもは基礎代謝が高く、寒さに強いから。
③　子どもは寒いと、基礎代謝が上がるから。
④　子どもは成長すると、基礎代謝が下がるから。

（　　　　　）

2

　「油は太る」というイメージから、植物油やドレッシングの使用を控える人がいます。エネルギー量をみると、脂質（1グラムあたり9キロカロリー）は糖質やたんぱく質（同、各4キロカロリー）より多く、同じ量を取れば太りやすくなります。脂質は私たちの体に必要な成分も含んでいるため、極端な制限ではなく、取り過ぎない工夫が必要です。

　油には目に見える油と見えない油があります。植物油やバター、マーガリン、マヨネーズなど調理に使う油が見える油です。見えない油とは肉や魚、穀類、豆、乳製品、菓子、インスタントラーメンなど食品そのものに含まれる油を指します。

　見えない油は摂取※が自覚しづらいです。日本人の油の摂取量は見える油が2割、見えない油が約8割を占めるため、見えない油の量をコントロールすることが重要です。

　脂身の多い肉には網焼きや蒸し料理といった調理法を選ぶと、油の摂取量を抑えることができます。味付けは塩やしょうゆ、味噌、酢、ポン酢やノンオイルドレッシングなどがよいでしょう。

こばた てるみ　2018年5月26日　日本経済新聞「元気のココロ」

※　摂取：体内に取り入れること

問1　「油は太る」というのは正しいですか。　　　　　　（　はい　・　いいえ　）

問2　筆者は油を分類していますが、何によって分けていますか。また、何種類に分けていますか。

_____かによって_____種類に分けている。

問3　肉の脂身は「見える油」ですか、「見えない油」ですか。　_____

3

　　評論家の岡田斗司夫さんが『いつまでもデブと思うなよ』という本を書いた。岡田さんはとても太っていたが、一年間で50キロも体重を減らしたという。このときの経験がこの本に書かれている。本の中で岡田さんはダイエットの経験から「欲望」と「欲求」の違いについて述べている。どちらも「何かが欲しいこと」、「したいこと」という意味だが、この言葉の意味の違いを以下のように分析している。

　　まず、とても太っている人を想像してみる。こういう人はどんな食べ方をするだろうか。おなかがすいたから食事をするのではなく、「テレビで見たあのケーキが食べたい」「先週開店したお店で食事がしたい」という気持ちによって食事をする。いつも食べている。これを「欲望型」とした。岡田さんは「欲望型」の人が悪いと言っているわけではない。むしろ元気で活動的な人が多いという。次に、痩せている人について考えてみる。痩せている人は、おなかがすいたという体からのサインがわかってから食べる「欲求型」である。テレビで紹介された食べ物だからとか、人が大勢並んでいるレストランがあるからとかいった理由で食事をしない。このような人は静かで上品な人が多いような気がすると言っている。

　　欲望と欲求、両方をコントロールできると、ダイエットは成功するそうだ。

問1　筆者の考えとして正しいものを、次の①〜④の中から選びなさい。
① 欲望型の人は、体の欲求に忠実なので太りやすい。
② 欲求型の人はもっと食べたいものを食べた方が良い。
③ 欲望型の人も欲求型の人もダイエットに成功するのは難しい。
④ 欲望型の人も欲求型の人も自分をコントロールするとやせられる。

（　　　　）

問2　次の1〜4はA 欲求型ですか、B 欲望型ですか。
1　テレビや雑誌で評判の店に行って、食事したい。　　　　　（　　　　）
2　おなかが空いていなかったら、昼休みでも食事はしない。　（　　　　）
3　食事の時間は特に決めておらず、おなかが空いたら食べる。（　　　　）
4　友だちが行っておいしかったというレストランへ行きたい。（　　　　）

問題Ⅲ 相談者と二人の回答者 A、B の文章を読んで、後の質問に答えなさい。

相談者

　私は「日本へ来て驚いたこと、大変なことは何ですか」とよく日本人に聞かれます。日本語は日常会話ならだいたいわかるようになったので、あまり困っていません。ただ、毎日の生活で面倒だなと思うことはゴミの分別です。ビン、缶、ペットボトル、プラスチック、紙、金属、電池、粗大ゴミなどの分別にはまだ慣れません。私の国では全く分別しないで出しますし、いつでも出せます。分別は、私たちがゴミを出した後にそれをする人がいて、すべてやってくれます。試験勉強で忙しいので、本当に負担に感じています。日本にも分別を担当する人がいればいいと思います。

回答者 A

　私もゴミを出す日に忙しいと、出すことができずゴミが部屋にたまってしまいます。確かにゴミの分別は面倒だなと思うこともあります。それに、自治体によって分別のルールも違うので困りますよね。でも、分別を人に任せたら膨大な時間とお金がかかります。この費用は税金です。私たちひとりひとりが少しの労力で分別すれば良いと思います。

回答者 B

　ゴミを分別するのは、リサイクルできるものとできないものとに分けることです。ゴミを減らし、リサイクルできれば資源の保護にもなるし、環境にもやさしいのではないかと思います。私たちのためだけではなく、あなたのお子さんやお孫さん、次の時代の人たちへの責任と考えてはどうでしょうか。毎日のゴミは環境問題に直結しています。

問 回答者 A、B はそれぞれどう言っているか、次の①〜④の中から選びなさい。
① A は相談者の案について述べていないが、B は相談者の考えに理解を示している。
② A は相談者に反対する理由を述べているが、B はゴミの分別の目的を述べている。
③ A も B も、人件費や時間的な理由から、相談者の案は不可能であると言っている。
④ A も B も、ゴミ問題が環境問題と関わりが深いことを述べ、相談者に反対している。

（　　　　）

問題I　＿＿＿の言葉の意味として、正しいものを下の①～③の中から選びなさい。

> 　若い人はよく言葉を省略する。先日も「あの店はコスパがいい」という表現を聞き、何のことかと思ったら、コスパとはコストパフォーマンスのことで、コスパがいいというのはつまり、値段のわりに味がいい、ボリュームがあるというような意味だった。私だったら「お得感がある」とでも言うところだ。そもそもコストとは日本語で言う原価のことで、原材料費はもちろん、その輸送費から人件費、設備費、光熱費など全てが含まれる。会社がより大きな利益をあげるためには、コストを抑えることが必要となる。

①　消費者が物やサービスに対して払う代金

②　レストランの料理を作るのに必要な費用

③　商品を作るのにかかる費用

（　　　　　）

問題II　次の文章を読んで、後の質問に答えなさい。

> 　島に住んでいる動物と大陸に住んでいる動物とでは、サイズに違いが見られる。典型的なものはゾウで、島に隔離されたゾウは、世代を重ねるうちに、どんどん小形化していった。島というところは、大陸に比べ食物量も少ないし、そもそもの面積も狭いのだから、動物の方もそれに合わせてミニサイズになっていくのは、なんとなく分かる気がするが、話はそう単純ではない。ネズミやウサギのようなサイズの小さいものを見てみると、これらは逆に、島では大きくなっていく。

本川達雄『ゾウの時間ネズミの時間』中央公論新社

問　島に住んでいる動物はどうなりますか。最も適当なものを選びなさい。

①　大きい動物はより大きく、小さい動物はより小さくなる。

②　大きい動物も小さい動物も大きくなる。

③　大きい動物も小さい動物も小さくなる。

④　大きい動物は小さく、小さい動物は大きくなる。

（　　　　　）

問題Ⅲ 現在の日本の法律では、結婚した夫婦は同じ姓を名乗らなければならないが、その法律を改正し、別姓を認めようかという動きが出てきています。4人の中で別姓に好意的なのはだれとだれですか。

Ａさん　名前なんて単なる記号なのだから、それほどこだわるのはおかしいと思う。名字は親から受け継いだものに過ぎないのだし。もし僕の婚約者が一人娘でその姓を残したいと言うのなら、僕が改姓してもかまわない。

Ｂさん　主人の親兄弟は私をあちらの家の人間として見ているが、それは私が向こうの親と同じ名字を名乗っているからだと思う。新しい法律には、現在夫の姓を名乗っている人も旧姓に戻せるということも入れてほしい。

Ｃさん　私は一生仕事を続けたいと思っているので、今の名前で築いてきた信用を大切にしたい。それに離婚、再婚が増えている現在、その度に姓が変わるというのはプライバシーをさらけ出すようで納得しがたい。

Ｄさん　家の中で主婦だけ名字が違うなんて変でしょう。まして兄弟で名字が違うなんて、考えられない。家族というものは愛情を基盤として成り立つべきものだから、そのシンボルとして姓があると考えればいいのでは。

（　　　　）と（　　　　）

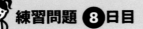

問題Ⅳ 次の文章を読んで、後の質問に答えなさい。

陸上競技日本代表選手のうち、中学生時代に全国大会で8位以内に入賞した選手は5人に1人しかいない。小学生のころからとても速い"早熟型"の選手もいれば、高校生以降に記録を伸ばす"遅咲き型"の選手もいるということだ。

陸上競技の全国大会出場者を生まれ月別に見ると、小学生の大会では、4〜6月生まれの割合が、発育が1年近く遅れる1〜3月生まれの「早生まれ」に比べてずっと多い。年齢が上がるにつれてこの傾向は弱まり、オリンピックや世界選手権の日本代表選手には、生まれ月による差はほとんどなくなる。

ところが、スポーツ指導の現場では、こうした背景が十分に考慮されず、好記録を出した小学生だけが特別に、早くから専門的な指導を受ける。そこには二つの意味で問題が潜んでいる※1と、ある教授は指摘する。

「"遅咲き型"の秘められた※2才能が気づかれず、埋もれて※3しまいかねません。逆に"早熟型"の中には、早く成長が止まり、期待されたほど記録が伸びず、悩む者もいます」

教授はまた、小中学生のうちは専門を一つに絞らず、さまざまな競技を楽しむことが大切だと語る。どんな競技に適性があるかは小中学生のうちはわからないからだ。

とはいえ、日本一という目標は魅力的だから、どうしても一つの競技を専門的に目指したくなる。そこで、[　　　　　　]ため、例えばドイツのように、中学生の全国大会をとりやめた国もあるという。

「月刊ジュニアエラ」朝日新聞出版、2019年4月号より一部改変

参考：日本の学校は4月に始まる。例えば2020年4月に小学校に入学するのは、2013年4月2日から2014年4月1日生まれの子どもである。1月1日から4月1日生まれの子どもを「早生まれ」と言う。

※1　潜んでいる：隠れている　　　　　　※3　埋もれる：表に出ない
※2　秘められた：隠れた

問1　"早熟型"とは、この文章ではどういう意味ですか。

① 早生まれで、早くから才能を発揮する子ども。

② 生まれ月には関係なく、足が速い子ども。

③ 小さいころから才能を発揮する子ども。

④ 高校生のころから全国大会でいい結果を出す子ども。

（　　　　　）

問2 <u>こうした背景</u>の内容として適当なものを選びなさい。答えは一つとは限りません。

① いつ才能が開くかは、子どもによって時期が違うこと。

② 小学生のころから指導すると、早く成長が止まってしまうこと。

③ 小学生のうちは生まれ月による発育の差が大きいこと。

④ 年齢が上がると遅咲き型の選手が増えること。

（　　　　　　　）

問3 文章中の ［　　　　　］ に入るものとして、最も適当なものを選びなさい。

① "遅咲き型" の選手を増やす

② "早熟型" の選手を見つける

③ 早くから一つの競技に専念させる

④ 子どもの行き過ぎた競争を防ぐ

（　　　　　）

問4 次のグラフで筆者が最も言いたいことは何か、次の①〜④の中から選びなさい。

① 年齢が低いほど4〜6月生まれが多く、1〜3月生まれが少ないこと。

② どの年齢の選手にも1〜3月生まれの選手はいること。

③ 小学生の選手は、4〜6月生まれが最も多く、次が7〜9月であること。

④ 高校以上では、7〜9月生まれと10〜12月生まれの数には差がないこと。

（　　　　　）

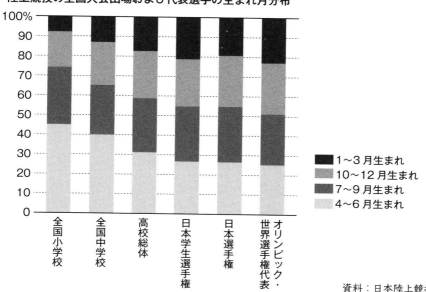

資料：日本陸上競技連盟（2013）

1
2
練習問題 ❽ 日目

問題Ⅰ

＿＿＿＿の言葉の意味として、正しいものを下の①〜③の中から選びなさい。

　友人がしばらく伸ばしていた髪を切ったので、「あら、失恋でもしたの？」と聞いたところ、かつら※1にするために寄付したとのこと。それを聞いて、ちょっと恥ずかしくなりました。白血病※2の治療で髪が抜けた女の子が主人公の映画を見たことはあったのですが、そういう人のために、かつらの材料となる髪の毛を寄付する運動があることは、初めて知りました。ヘアドネーションと言うのだそうです。かつらを作るにはお金がかかるので、こういう形でのボランティアが生まれたのでしょう。趣旨※3に賛同して髪を伸ばしている男性もいるということです。

※1　かつら：wig　假发　tóc giả

※2　白血病：leukemia　白血病　bệnh máu trắng

※3　趣旨：point　宗旨　mục đích

① 医学的な問題で髪が抜けた人のために、自分の髪の毛を切って寄付すること。
② 髪の毛がなくて悩んでいる女性のために、男性が自分の髪の毛を寄付すること。
③ 映画の主人公になった女の子のために、切った髪を売ってお金を集めること。
④ 病気で髪の毛がない人のために、かつらを作るお金を集めること。

（　　　　　　）

問題Ⅱ

次の文章を読んで、後の質問に答えなさい。

1

　銀行員だったＡさんは、仕事を通じて知り合った女性と結婚した。２年後子どもが生まれ、以前からの夢をかなえようと動き出した。仕事を辞めて「就農」しようというのだ。
　就農とは仕事として農業を始めることで、その多くはそれまでの仕事を辞め、新たに農業を始める。Ａさんは小さな種から工夫を重ねて作物を作り出すことに魅力を感じ、休みのたびに農業をするとしたらと考えて各地を回った。そして不安はあったものの、とうとう群馬県のある村に引っ越すことにした。
　そこでは新たに就農しようとする若い夫婦を迎え入れ、１年間の研修が受けられる。研修では、生まれて以来農業を続けているお年寄りを中心とした指導者がいて、いい土の作

り方や種のまき方から最後の収穫、出荷まで全てのプロセス※を教えてくれる。また就農したばかりの人には収入がないため、研修中は村が運営するアパートに無料で住める。Ａさんはこうしたやり方ならと思い、この村を選んだのであった。

　今、Ａさんはぶどうを中心とした果物を何種類も作り、それをデパートや店向けに出荷するほか、インターネットによる通信販売もしている。一年中忙しく数日間の旅行にすら行けないが、子どもも増え、家族力を合わせて生き生きと暮らしている。

※　プロセス：経過、手順。ここでは、その時々にやること

問1　Ａさんは、就農に先立って何をしましたか。

①　各地を訪ね、最も適したところを探した。

②　結婚し、1年間農業についての指導をした。

③　インターネットでぶどうの通信販売を始めた。

④　銀行を退職して、果物作りの勉強を始めた。

（　　　　）

問2　Ａさんが就農先を決めた理由は何ですか。

①　群馬県で知り合った女性と結婚したこと。

②　小さな種から工夫をして果物を作れること。

③　経験者から教えてもらえ、初めから収入があること。

④　研修を受けられ、その期間は住むところも与えられること。

（　　　　）

問3　Ａさんは就農した結果、現在はどんな生活をしていますか。

①　1人で何種類もの果物を作り、たいへんな生活をしている。

②　忙しくて旅行にも行けないので、農業はやめたいと思っている。

③　多くの果物を作り、家族も増え、就農して良かったと思っている。

④　今の生活に満足しており、これからは家族を増やしたいと思っている。

（　　　　）

2

　以前、東京都内で数多くのレストランを展開している友人から相談がありました。従業員から「＿＿＿＿＿＿＿＿＿＿？」と聞かれたのだけれども、どのように答えていいのかわからないというのです。

　そこで、次のような例えを話してみたらと返答したことがあります。

　「もし、世界一のグルメ[※1]のお金持ちが食事に来るとしたら、どのように対応すれば満足させられるのか？」ということです。

　「お客様が世界一のグルメのお金持ちだとすれば、世界中の美味しいといわれるものは食しているはず。フランス料理をはじめ、イタリア、スペイン、中華……旬[※2]の美味しいものがあれば、その国のレストランに自家用飛行機で行って食べているはず。お昼に○○が食べたくなれば、ヘリコプターを飛ばしてそのレストランに行くでしょう。

　そんな人を、食材や食事だけで満足させることは不可能。世界一のものを食べているからです。では、どうするか？サービスしか満足させられる手立て[※3]はないはずです」と。

　どのお客様からも「この店に来て良かった！」と思ってもらうためには、食事のクオリティー[※4]だけではダメ、サービスが命なのです。

芳中 晃『女性がディズニーランドに何度も行ってしまう理由』中経出版

※1　グルメ：おいしいものをよく食べていて、味の違いがわかる人
※2　旬：魚や農作物が１年の中で最も多くとれ、味もいい時期
※3　手立て：手段、方法
※4　クオリティー：質

問　「＿＿＿＿＿＿＿＿？」に入る適当な言葉を、次の①～④の中から選びなさい。

　①　なぜ、サービスが大切なのか

　②　サービスとはいったい何か

　③　お金持ちを満足させるには

　④　お金持ちへのサービスとは

（　　　　　）

問題Ⅲ これは ABC 新聞の愛読者（あいどくしゃ）プレゼントのお知らせです。これを見て、後の質問に答えなさい。

	プレゼント	詳細（しょうさい）	当選者数（とうせんしゃすう）
A	鎌倉大仏（かまくらだいぶつ）クッキーセット	鎌倉（かまくら）の新名物（しんめいぶつ）	5 名様
B	深田愛（ふかだあい）コンサート A 席招待券（しょうたいけん）	年金会館（ねんきんかいかん）8月10日（金） 19時開演　中山駅（なかやまえき）A3 出口すぐ	2枚1組 1 名様
C	下野動物園（したのどうぶつえん）入場券	8月31日（金）まで パンダもこの券（けん）で見られます	2枚1組 3 名様
D	武村美術館（たけむら）招待券（しょうたいけん） フランス印象派絵画展（いんしょうはかいがてん）	9月30日（日）まで 福山駅（ふくやまえき）B1 出口徒歩5分	2枚1組 5 名様
E	ベーカリー田中（たなか）　食パン（しょくパン）3斤（きん）	8月15日（水）にお届けします	5 名様
F	大川区指定（おおかわくしてい）ゴミ袋（ぶくろ）	燃（も）えるゴミ用 45L・50枚入り	10 名様

【応募方法（おうぼほうほう）】弊社（へいしゃ）HP「http://‥‥」にアクセスし、住所、氏名（しめい）、Email アドレス、会員（かいいん）番号（ばんごう）をご記入後、ご送信（そうしん）ください。会員登録（かいいんとうろく）をしていない方は応募（おうぼ）できませんので、応募の前に必ず会員登録をお願いいたします。会員登録（かいいんとうろく）は上記ホームページで受け付けております。24 時間以内に会員番号（かいいんばんごう）をお知らせします。

【応募締切（おうぼしめきり）】7月31日（火）

【ご注意】　1商品につき1口、2種類までの応募（おうぼ）とさせていただきます。

問　上のお知らせの内容と合っていたら○、違っていたら×を書きなさい。

1（　　）C に応募（おうぼ）して当たったら、動物園へ3人無料（むりょう）で行ける。

2（　　）A のクッキーと E の食パン、両方に応募（おうぼ）することができる。

3（　　）大川区（おおかわく）のゴミ袋（ぶくろ）がたくさん欲しい場合は、F に2回応募（おうぼ）すればいい。

4（　　）友人と2人で B に応募（おうぼ）した場合、1人しか当たらなければ、1人は入場料を払わなければならない。

5（　　）D の招待券（しょうたいけん）は9月30日までなら、開催期間中（かいさいきかんちゅう）いつでも使用できる。

6（　　）HP にアクセスすれば、会員登録（かいいんとうろく）とプレゼントへの応募（おうぼ）がまとめてできる。

問題 I 　　＿＿＿の言葉の意味として、正しいものを下の①～④の中から選びなさい。

父が入院したときに私たち家族は、医師から大変丁寧に説明を受けました。父の病名、なぜそのように診断したのか、今の状態、手術の方法、手術にどんな危険があるか、どのくらい入院が必要か、など説明に1時間くらいかかったと思います。父と私たちが十分な説明を受け、理解し、治療方法に同意した上で治療が行われます。お互いに十分なコミュニケーションをとりながら、治療を受けることで効果が期待されるとのことです。<u>インフォームドコンセント</u>は時間がかかります。医師がいつも忙しいのがわかるような気がしました。

① 医師が患者に、家族とともに説明を受けるようにすすめること。

② 医師が患者と、1時間くらいかけてコミュニケーションをとること。

③ 医師が患者に、効果が期待される治療法や治療方針を説得すること。

④ 医師が患者に、治療法を十分に説明し、同意を得た上で治療を行うこと。

（　　　　）

問題 II 　　次の文章を読んで、後の質問に答えなさい。

1

中古のものを売り買いする店が人気だ。店は昔と違っておしゃれで、いつのぞいても、節約のために中古品を買う人や、環境保護のために持ち物を売る人などでにぎわっている。それで私も何か売ろうと思い、まず服を10着持って行った。見てもらうと、全部で400円だと言う。店はこれを売って儲けなければならないのだとわかってはいるが、(1)<u>そんなものかと思った</u>。次に本を売ったときは、5冊を1,000円で買ってくれた。(2)<u>理由を聞く</u>と、古い昆虫※1図鑑※2が1冊700円で、今は絶滅したような昆虫が載っていて欲しがる人がいるためだと言う。(3)<u>どうもこの世界には意外な発見がありそうだ</u>。

※1　昆虫：ある種の虫をまとめて言った言葉

※2　図鑑：図や写真を中心として、色々なものをまとめて解説した本

問1　(1)<u>そんなものかと思った</u>とありますが、どういう意味ですか。

① 高いと思った　　② 安いと思った　　③ 予想通りだと思った

（　　　　）

問2 なぜ (2) 理由を聞いたのですか。

① 高いと思ったから　　② 安いと思ったから　　③ 私の予想と合っていたから

（　　　　）

問3 (3) この世界には意外な発見がありそうだとありますが、どういう意味ですか。

① 中古品の店では服より本の方が高く売れそうなので、今後本を売るのが楽しみだ。

② 中古品の店では物をどう評価するのか、これからもそれを知るのが楽しみだ。

③ 古い昆虫図鑑には意外な昆虫が載っているので、ほかの図鑑を見るのが楽しみだ。

④ 古い昆虫図鑑を見れば世界の珍しい昆虫が発見できそうなので、それが楽しみだ。

（　　　　）

2

万国博覧会、略して万博、という言葉を聞いたことがありますか。世界の多くの国々が集まり、最先端の科学技術を見せたり、テーマに沿って自分の国をアピールしたりする大きなイベントです。博覧会国際事務局に立候補し、総会で承認されて初めて開催することができます。この万博には、「登録博」という大規模なものと、「認定博」という小規模なものがあり、前者は5年ごと、後者はその合間に開かれます。期間も前者は6か月以内、後者は3か月以内と決まっています。日本では1970年から2020年の間に登録博が2回、認定博が3回開かれました。

問 万博、登録博、認定博を図にすると、次のどれになりますか。

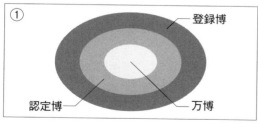

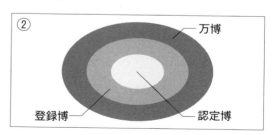

（　　　　）

問題Ⅲ これはさくら市の広報に載ったお知らせです。これを見て、後の質問に答えなさい。

健康診断を受けましょう

　さくら市では１年に１回無料健康診断を実施しています。会社や学校で健康診断を受ける機会のない方は、ぜひ受診してください。

1　対象者　　40歳以上の市民

2　場所　　　さくら市保健センター

3　日時　　　9月1日（月）〜5日（金）

　　　　　　　受付　午前9：00〜11：00　午後1：30〜3：30

4　内容　　　内科検診、血液検査、レントゲン

　　　　　　　65歳以上の方は健康相談も受けられます。

5　申し込み方法　　市役所市民課窓口に申し込み用紙があります。また、電話、インターネットでのお申し込みも可能です。

　　　　　　　その際、ご希望の日時は第3希望まで伺います。

　　　　　　　受診票をお送りしますので、当日保険証と一緒にお持ちください。

6　申し込み受付　　7月10日〜16日

問　上のお知らせの内容と合っていたら○、違っていたら×を書きなさい。

1（　　　）40歳以上でさくら市に通勤していれば受診できる。

2（　　　）希望の曜日や時間帯は申し込むときに伝える。

3（　　　）申し込み方法は二つの中から選ぶことができる。

4（　　　）受診票は検診当日にもらえる。

5（　　　）第一希望の日に受診できるとは限らない。

6（　　　）当日は受診票と保険証を持って市役所の市民課に行く。

7（　　　）このお知らせに料金は書かれていない。

問題Ⅳ　次の1～3の人は、下のA～Cのどの店に行けばいいですか。

1　4人で日曜日に行きたいと思っている。全員たばこが嫌いなので、禁煙または個室の
　ある店でないと困る。　　　　　　　　　　　　　　　　　　　　　　（　　　　）

2　8人ほどのグループで金曜日に予約したい。できるだけ安いほうがいいが、皆あまり
　飲まないので、飲み放題はつけたくない。　　　　　　　　　　　　　（　　　　）

3　4人で平日に会うことになった。久し振りなので、できるだけゆっくりできるところ
　にしたい。　　　　　　　　　　　　　　　　　　　　　　　　　　　（　　　　）

A店

┌───┐
お腹いっぱい、選べるメイン・デザート

お料理7品＋2時間飲み放題　　お一人様 **3,600**円（税込み）

6名様以上はコース料理のみ　　＊メイン、デザートは選べます

個室あり（4～10名）、分煙

営業時間：17:00～23:00　日曜定休
└───┘

B店

┌───┐
幹事さんに優しいお得なコース

お料理9品、　飲み放題100分　　お一人様 **4,000**円（税込み）

　＊飲み放題なし 3,200円

　＊10名以上のグループの幹事さん 10% OFF（お一人）

個室なし、分煙

営業時間：18:00～24:00　年中無休
└───┘

C店

┌───┐
完全個室居酒屋！ゆっくりできます。

料理50種類＋飲み物60種類の豊富なメニューからお好きなものをどうぞ！

3時間 **5,400**円（税込み・日曜～木曜のみ）　　完全禁煙

　＊インターネットでのご予約で5%割引

営業時間：18:30～23:00
└───┘

Step 2

問題Ⅰ　後ろに続くものとして、良いものを選びなさい。

1 急いで帰国しなければならなくなった。なぜなら＿＿＿＿＿＿＿。
　　① 父が急病との連絡がきたからだ　　② 1週間ぐらい学校を休む必要がある

2 「皆さん、質問はありませんか。ところで＿＿＿＿＿＿＿」
　　① 次は、先週のテストを返します
　　② ジョンさんがいませんが、誰か知りませんか

3 「1週間ほどハワイに行ってたんだ」「それにしては＿＿＿＿＿＿＿」
　　① あんまり日焼けしてないね　　② そんなに日焼けしてるんだね

4 「山下さん、もう3日も休んでるんですよね」「そう言えば＿＿＿＿＿＿＿」
　　① 早く治って出て来てくれないと困りますよね
　　② 先週、ご家族が入院なさって大変だって言ってましたけど

5 「なんで高橋君をなぐったの」「だって＿＿＿＿＿＿＿」
　　① 人の悪口ばっかり言うんだもん　　② 村田君に聞いたんだよ

6 この辺りは気候も温暖だし物価も安くて住みやすい。ただ＿＿＿＿＿＿＿。
　　① 新鮮な魚も手に入りやすい　　② 買い物には不便だ

7 そのレポートには自信があった。だが＿＿＿＿＿＿＿。
　　① 先生にほめられ、さらに意欲がわいた。
　　② 先生に何か所も間違いを指摘され、再提出を求められた。

問題Ⅱ　（　　　）の中から、良いものを選びなさい。

1 東京駅8時発の新幹線は（　そうとう・ほぼ・わりに　）満席だった。

2 佐藤さんはお父さんの仕事の関係で、（　一時・今後・当時　）アメリカに住んでいたことがあるそうだ。

3 山本さんとは仕事で（　たびたび・たまたま・つねに　）顔を合わせているうちに仲良くなった。

4 「そんな食生活を続けていたら、（　今後・そのうち・のちに　）病気になるよ」

5 「必要なものがあれば、（　先ほど・事前に・すでに　）ご連絡いただければ用意しておきます」

6 （　いきなり・しきゅう・さっそく　）犬が車道に飛び出して来たので、もう少しでぶつかるところだった。

7 父は（　しょっちゅう・たまに・めったに　）怒らないが、怒ると怖い。

8 漢字は毎日（　少しずつ・徐々に・しだいに　）勉強してください。

9 日本へ来て３年経ち、（　結局・たちまち・ようやく　）ラジオのニュースが聞き取れるようになった。

10 久しぶりに国へ帰ると、（　いちいち・相当・何もかも　）がなつかしい。

11 「（　さっさと・ざっと・すっと　）食べないと、昼休み終わっちゃうよ」

12 ３か月先まで仕事の予定が（　ぎっしり・ずらりと・たっぷり　）つまっている。

| 問題Ⅲ | 【　　　】の中から、適当な接続詞を選んで（　　　）に書きなさい。 |

【　しかも　　つまり　　では　　ところが　】

　　日本は世界でも長寿国として有名である。（**1**　　　　　　　）、日本の都道府県の中で長生きのお年寄りが多いところはどこだろうか。あまり寒くない、暑くない、温暖な気候の県が長生きするのではと思うだろう。少し前まではそうだった。（**2**　　　　　　　）、最近は必ずしもそうとは言えなくなってきたようだ。

　　2017年のニュースによると、男性の第一位は滋賀県で、二位は長野県、三位は京都府である。女性の第一位は長野県で、岡山県、島根県と続く。これらの県は岡山県を除いて冬は気温が低く、（**3**　　　　　　　）、雪も多く降る。（**4**　　　　　　　）、長寿を決める要因は気候だけではないと言えよう。

問題 I （　　　）の中から、良いものを選びなさい。

1 遅刻するかと思ったが、（ なんだか・なんとか・なんとなく ）間に合った。

2 （ せっかく・せめて・わざと ）作ったお弁当を、持って出るのを忘れてしまった。

3 （ どうせ・どうも・どうやら ）無理だとは思うが、一度はチャレンジしたい。

4 謝るつもりで言った言葉が、（ かえって・必ずしも・ともかく ）相手を怒らせてしまった。

5 この本は難しくて、私には（ あいにく・さっぱり・じつに ）わからなかった。

6 私はもう高校生なのに、母は（ いまさら・いまだに・いまにも ）私のことを子ども扱いする。

7 こんなやり方で（ おそらく・はたして・むしろ ）うまくいくだろうか。

8 「明日のバイトの時間ですが、（ できれば・できるだけ・どうしても ）9時に変えていただけませんか。すみません」

9 この書類は黒（ あるいは・それとも・また ）青のボールペンで記入してください。

10 「もう5時半になりましたね。（ さて・では ）今日の会議はこれで終わりにします」

11 気温が高く、（ しかも・したがって ）湿度も高い場合、不快指数が高いという。

問題 II 下の文が上の文の内容と合っていたら○、違っていたら×を書きなさい。

1 高橋さんは初めて聞いたかのような顔で鈴木さんの話を聞いていた。
（　　　）高橋さんは鈴木さんの話を初めて聞いて、驚いた顔をした。

2 検査の結果を待っているあいだ、どれほど不安だったことか。
（　　　）検査の結果を聞くまでとても不安だった。

3 取引先の部長と食事をしたのだが、緊張で、料理を味わうどころではなかった。
（　　　）緊張していたので、料理を味わう余裕もなかった。

4 ほめられると意欲がわくのは子どもに限らない。
（　　　）子どもも大人もほめられると意欲がわく。

5 鈴木君は自分を優秀な学生だと思っているようだが、彼は教師に言われたことをやっているにすぎない。もっと自分で課題を見つけ、考える習慣を身につける必要がある。

（　　　）鈴木君は教師に言われたことはきちんとやる。

（　　　）教師に言われたことをやっているだけでは優秀な学生とは言えない。

問題Ⅲ　後ろに続くものとして、良いものを選びなさい。

1 今さら謝ってもらったところで＿＿＿＿＿＿。
　① 彼はすぐに許してくれた　　　② 彼を許す気にはなれない

2 彼女は健康を気にするあまり＿＿＿＿＿＿。
　① 食べる楽しみを忘れているように思う　　② 風邪もほとんどひかないほどだ

3 あのレストランは高いだけあって＿＿＿＿＿＿。
　① 料理もサービスもすばらしい　　② 料理の味は今ひとつだった

4 子どものころ日本のアニメを見たことから＿＿＿＿＿＿。
　① 絵もストーリーもすばらしいと思った　　② 日本に興味を持つようになった

5 あの二人は表面上は仲が良さそうだが＿＿＿＿＿＿。
　① 実はお互いよく思っていないようだ　　② 精神的にも信頼しあっているようだ

6 海外赴任の経験があるといっても＿＿＿＿＿＿。
　① 3か国、合わせて10年は超えました　　② 1か国、それも1年だけなんです

7 先生はお忙しいにもかかわらず＿＿＿＿＿＿。
　① 私の質問に一つ一つ答えてくださった
　② きっと丁寧に教えてくださるでしょう

8 最近の平均寿命の伸びからすると、＿＿＿＿＿＿。
　① 人生100年の時代が来ると言っても大げさではないだろう
　② 医学の進歩と栄養や環境が良くなったおかげだろう

9 背が低いばかりに＿＿＿＿＿＿。
　① よく「かわいいね」と言われてうれしい
　② バレーボールの選手になれなくて悔しかった
　③ ちょっと太っているので、子どもっぽく見えて嫌だ

問題Ⅰ　次の文章の1～3に入る接続詞を、①～③の中から選びなさい。

　　最近、高齢者が運転する車の事故が増えている。年を取ると、目も悪くなるし、突然起こったことに対する判断力も低下するからだと言われている。事故の原因で多いのは、ブレーキとアクセルの踏み間違いである。（　1　）この踏み間違いは、若者でも犯すミスであるという。（　2　）、なぜ高齢者は事故につながるのか。若者はアクセルとブレーキを踏み間違えても、すぐに踏み間違いに気づき、修正できる。（　3　）、高齢者は気づいた後の修正に非常に時間がかかることがわかっている。

1　① むしろ　　　② ただ　　　③ したがって　　（　　　　）
2　① では　　　　② さて　　　③ ところで　　　（　　　　）
3　① なぜなら　　② ところが　③ しかも　　　　（　　　　）

問題Ⅱ　次の文章を読んで、後の質問に答えなさい。

1

　　酢は大きく分けて米酢と果実酢の2種類があります。アジアでは日本も含めて米酢が主流ですが、一方、西欧では果実酢が一般的です。なぜ地域によって違うのでしょうか?

　　実は、酢には、その地域でよく飲まれているお酒と同じ素材のものが一般的に使われます。たとえば日本酒は米から作られており、酢もやはり米から作られる米酢です。それに対して、フランスやイタリアではワインがよく飲まれており、酢もブドウを原料にしたワインビネガー※1が料理に活躍しています。ちなみに、ビールの本場ドイツやイギリスでは麦芽汁※2から作るモルトビネガー、アメリカではシードル※3ビネガー（リンゴ酢）が人気。このように各地のお酒と酢は非常に密接な関係にあるのです。

　　その理由はごく単純。お酒などアルコールを含んだものは、放置しておくと菌※4が増殖して発酵※5し、酢に変化してしまいます。こうして各地で酢が何かの拍子で発見され、料理にも広く使われるようになったのです。

　　酢の歴史は古く、紀元前5000年頃の古代バビロニアで酢が造られていたという記録が残っており、世界最古の調味料といわれています。酢が日本の文献に登場するのは4～5世紀頃で中国から製法が伝わってきました。庶民※6に酢が広まったのは江戸時代※7。酢を

使った料理が作られはじめ、そのうち寿司〔すし〕ブームで定着しました。以来、和食に欠〔か〕かせない調味料として今に至〔いた〕っています。

青木敦子『調味料を使うのがおもしろくなる本』扶桑社より一部改変

※1　ビネガー：酢〔す〕
※2　麦芽汁〔ばくがじる〕：大麦〔おおむぎ〕から作る。ビールを作るのに必要なもの
※3　シードル：リンゴ酒
※4　菌〔きん〕：bacteria　細菌　vi khuẩn
※5　発酵〔はっこう〕：fermentation　发酵　lên men
※6　庶民〔しょみん〕：common people　平民　thường dân
※7　江戸時代〔えど〕：1603 ～ 1868 年

問1　上の文章〔ぶんしょう〕の内容と合っていたら○、違っていたら×を書きなさい。
　1　（　　　　）酢〔す〕は米かブドウ、どちらかから作られる。
　2　（　　　　）米から酢〔す〕を作るのは日本だけである。
　3　（　　　　）アメリカにはリンゴから作る酒がある。
　4　（　　　　）4～5世紀〔せいき〕の頃〔ころ〕から、日本の庶民〔しょみん〕は寿司〔すし〕を食べていた。

問2　＿＿＿＿＿＿の意味として、最も近いものを①～③の中から選びなさい。
　①　酒が酢〔す〕に変化しているのを偶然見つけた人が、それを調味料として使ってみた。
　②　誰〔だれ〕かが新しい調味料を作るために、酒を発酵〔はっこう〕させてみようと偶然思いついた。
　③　酒が酢〔す〕に変わったのは偶然だが、それを調味料として利用した人がいた。

（　　　　　　）

2

　東京で外国人を案内するガイドやホテルのコンシェルジュ※1などに、都内で人気のある観光名所についての取材を続けていたところ、意外な事例をいくつも聞いた。私たち東京に住む者が、それほどの価値を感じていないような場所、その存在をまったく知らないような所を目指している例があまりに多いのだ。案内する側でも、「何、それ?」「そんなもの初めて聞いた」というような質問に常に対応しているという。

　そのような現場にいるホテルや観光業の人びとは、日本にやってくる外国人のさまざまな質問に、実際的な案内を提供するうち、その特化した興味と、東京という都市の特異性※2に日々気づかされているようなのだ。

鈴木伸子『東京はなぜ世界一の都市なのか』PHP研究所

※1　コンシェルジュ：ホテルやデパートでお客の相談や要望などにこたえる仕事をする人
※2　特異性：他と比べて特に違っていること

問　上の文章の内容と合っていたら○、違っていたら×を書きなさい。

1　(　　　　)　外国人はホテルや観光業の人びとでも知らない所へ行きたがることがある。

2　(　　　　)　東京に住む私たちがよく知っている所へ、外国人観光客は行きたがる。

3　(　　　　)　ホテルや観光業の人びとは、外国人に東京の特異性を伝えている。

4　(　　　　)　ホテルや観光業の人びとは、外国人の要望や質問になるべくこたえるようにしている。

5　(　　　　)　観光業の人びとは東京のことをよく知っているので、外国人観光客の要望にこたえるのはそれほど難しいことではない。

問題Ⅲ　相談者と二人の回答者 A、B の文章を読んで、後の質問に答えなさい。

相談者

　会社の外国人の同僚のことで相談があります。彼は日本語も上手で仕事もできますが、勤務時間が終わる 17 時になるとすぐに帰ってしまいます。私の勤める会社は小さく、人手不足のため、仕事が終わらない部署を手伝うために残業になることがよくあります。残業代はもちろんもらえます。困っている人がいるのに手伝わないで帰ってしまう同僚の気持ちが理解できません。

回答者 A

　17 時になったら退社することは間違っていません。自分の仕事が終われば帰っても良いのです。日本的な働き方ではないと思われるかもしれませんが、この外国人は正しいと思います。毎日のように残業していたら、皆疲れて体調を崩すことになりかねません。日本的働き方を見直す機会と考えた方が良いのではないでしょうか。

回答者 B

　この外国人の方は会社とどのような雇用契約を結んでいるのでしょうか。「働く時間は17 時まで、残業はしない」という契約なら全く問題はありません。ただ、「仕事が忙しいときは残業をする」という契約なら、契約を守っていないことになります。いずれにしても、あなたが悩むことはありません。上司や社長が考えるべき問題です。

問　回答者 A、B はそれぞれどう言っているか、次の①〜④の中から選びなさい。

① 　A も B も、外国人の同僚は 17 時以降も仕事をするべきだと言っている。

② 　A も B も、外国人の同僚が残業をしないことに対して非難してはいない。

③ 　A は外国人の行動に理解を示し、B は会社側に問題があると述べている。

④ 　A は相談者の考えに賛成し、B は会社の契約に問題があると述べている。

（　　　　）

問題IV 次の文章を読んで、後の質問に答えなさい。

　忘却※1が起きるのはなぜか。心理学では、いろいろな理論が提案されている。一度覚えたことでも、時間の経過とともにしだいに弱まってしまうという考え方は減衰説という。これは、経験上もっともらしい※2が、単に時間がたつことだけが原因なのだろうか。干渉説では、別のことを覚えることによって、忘却が起こるのだとする。実際、あとからいろいろなことを習うと、混乱して以前のことを忘れてしまう。寝ている間は忘れにくいと言われるのも、干渉説から説明できる。検索失敗説というのは、経験したことは頭の中に残っているのだが、それを思い出すのに失敗するという説だ。（中略）いくら覚えていても思い出せなければ意味がないのだから、あとから思い出しやすいように、内容を整理したり記憶の手がかりを豊富にしておくことが大切ということになる。

　変わったところでは、抑圧説というものがある。人間は不快なことが意識に上らないように、無意識の中におし込めてしまうという説である。これは、フロイトらの精神分析の考え方だ。（後略）

市川伸一『勉強法が変わる本』岩波ジュニア新書

※1　忘却：忘れてしまうこと

※2　もっともらしい：いかにも本当らしい

問　次の事柄と関係が深いのは、文章中のどの説か書きなさい。

1　嫌なことは思い出したくない。　　　（　　　　　　　　　　　　　　　）

2　ヒントがあれば思い出しやすい。　　（　　　　　　　　　　　　　　　）

3　寝ている間は忘れにくい。　　　　　（　　　　　　　　　　　　　　　）

問題 I　次の文章を読んで、後の質問に答えなさい。

1

　ハチミツ※1といえば、一般的にはデザートやパンにつけて食べることがほとんどだと思います。しかし、ハチミツは甘みに少しクセがある※2ものの、邪魔をする味ではないため、料理にも砂糖の代わりに使えます。しかも、[　　1　　]。

　私の場合は和食の煮物によく使っていますが、[　　2　　]。

　料理以外ではヨーグルトとの組み合わせがベスト。味もさることながら、ハチミツの成分のひとつのグルコン酸※3は、有機酸の中で唯一大腸※4に到達し、大腸でビフィズス菌を増やします。腸内環境を整えて悪玉菌を減らす働きをするので、便秘改善にとてもよいですし、さらに[　　3　　]。

　また、ハチミツは砂糖に比べてカロリーは3分の2と低カロリー。しかもビタミン、ミネラルをバランスよく含み、消化に時間がかからないため脂肪になりにくい性質を持っています。メタボリック症候群※5が気になる人やダイエット中の人は、[　　4　　]。

　□□□□□□気をつけたいのは使う量。ハチミツの甘みは体温付近でいちばん強く感じ、それより高くても低くても弱く感じます。37度で感じた甘みは、17度になると3分の1以下の甘みしか感じなくなってしまいます。[　　5　　]。

青木敦子『調味料を使うのがおもしろくなる本』扶桑社

※1　ハチミツ：honey　蜂蜜　mật ong

※2　クセがある：ここでは、ハチミツ特有の味があること

※3　酸：acid　酸　axít

※4　大腸：large intestine　大肠　ruột già, đại tràng

※5　メタボリック症候群：metabolic syndrome　代谢综合征　hội chứng chuyển hóa

問1 ［ 1 ］～［ 5 ］に入るものを次の中から選びなさい。

① カルシウムを吸収しやすくする働きもあります
② 甘（あま）みが素材（そざい）によくなじむ点が気に入っています
③ 天然（てんねん）の甘（あま）みのため、料理が上品な味に仕上がります
④ 温（あたた）かい料理や冷たい料理に使うときは入れすぎに注意しましょう
⑤ コーヒーや紅茶（こうちゃ）にハチミツを使ってみるのも手です

1（　　　）　2（　　　）　　3（　　　）　4（　　　）　5（　　　）

問2 ☐☐☐☐☐ に入る接続詞（せつぞくし）を、次の①～④の中から選びなさい。

① 　その上　　　② 　ただし　　　③ 　次に　　　④ 　特に

（　　　）

2

> お天気や気候を表す言葉の中には古い表現も多い。現代ではあまり聞かない言葉だから、間違えて使われることもよくあるようだ。例えば「小春日和（こはるびより）」。私は小さな春＝まだあまり暖（あたた）かくない春だと思い込んで、２月の末ごろに少し暖（あたた）かい日があると、「今日は小春日和（こはるびより）ですね」というふうに使っていた。しかし ［　　　　　］。

問1 例えば「小春日和（こはるびより）」。とは、ここではどういう意味か、最も近いものを選びなさい。
① 「小春日和（こはるびより）」はお天気を表す古い表現だ。
② 「小春日和（こはるびより）」は現代ではあまり聞かない言葉だ。
③ 「小春日和（こはるびより）」は間違えて使われることも多い。

（　　　）

問2 ［　　　］に入るものとして、最も適当（てきとう）なものを、次の①～④の中から選びなさい。
① 実は、小春日和（こはるびより）の意味は、私の使い方で間違っていなかったのである。
② 実は、この言葉は春のように暖（あたた）かい晩秋（ばんしゅう）の日を指す言葉なのだそうだ。
③ 実は、私は小春日和（こはるびより）はあまり暖（あたた）かくない日を指すのだと思っていた。
④ 実は、小春日和（こはるびより）の意味を間違えていたのは私だけだったのである。

（　　　）

3

何かの目的のために大勢（おおぜい）の人からお金を集める募金（ぼきん）活動は昔から行われてきたが、最近ではインターネットを利用したクラウド・ファンディングが盛（さか）んである。資金を集めている人が、クラウド・ファンディングを運営（うんえい）している会社のサイトに目的やその意義（いぎ）、いつまでにいくら集めたいかという目標額（もくひょうがく）を載（の）せる。それを見て応援（おうえん）したいと思った人が、クレジットカードなどで支払う。多くの場合、500 円、1000 円といった少額（しょうがく）からでも受け付けている。

以前、ノーベル賞受賞者（しょうじゅしょうしゃ）の山中伸弥教授（やまなかしんやきょうじゅ）が研究資金（しきん）として 400 万円を募集（ぼしゅう）したところ、2000 万円集まったという例もある。NPO（非営利団体（ひえいりだんたい））や自治体が、災害（さいがい）の被災者（ひさいしゃ）を支（し）援（えん）するための資金（しきん）や、地域（ちいき）の伝統的（でんとうてき）な祭（まつり）の資金（しきん）を集めるために利用することもある。

問 クラウド・ファンディングについて、正しいものを選びなさい。

① 叶（かな）えたい夢があっても資金（しきん）がない個人（こじん）が利用するものであり、有名人でなくても寄付金を集めることができる。

② クラウド・ファンディングの運営（うんえい）会社が、集まった多額（たがく）の寄付金を、それを利用したい個人（こじん）や団体に分配（ぶんぱい）する。

③ なるべく短時間（たんじかん）に多くの人に募金（ぼきん）のことを知ってもらうことと、企業（きぎょう）や NPO などからの多額（たがく）の寄付を期待している。

④ 多くの人に目的や意義（いぎ）を理解してもらいたい、一人一人の寄付額（きふがく）は小さくてもかまわないという考え方に基（もと）づいている。

(　　　)

4

　　２人以上が集まって共通の目的を持てば、そこには組織が必要になります。そして組織を生かすのに必要なのは、コミュニケーションとチームワークです。

　　組織では義務と責任に応じて「立場」というものが発生し、その立場を表現するために呼称が存在します。代表者、社長、取締役、部長、課長、主任など、企業によって呼び名は変わります。

　　一般的には、名前に職位をつけて呼ぶことが多いですよね。○○社長、○○部長、○○課長など、当たり前のように使います。

　　しかし、職位を呼ぶことで、相手との間に壁のようなものをつくってしまうことがあります。それによって、遠慮してしまい、言いたいことが言えなかったりしたことがないでしょうか?「フム、フム」と思い当たる人が多いのではありませんか?

芳中 晃『女性がディズニーランドに何度も行ってしまう理由』中経出版

問　「思い当たる」とありますが、何に思い当たるのですか。

　①　組織では、人の立場にふさわしい呼称が存在し、使われていること。

　②　組織では、一般的に名前に職位をつけて呼ぶことが当たり前であること。

　③　組織には、コミュニケーションとチームワークが必要不可欠であること。

　④　組織では、職位で呼ぶとコミュニケーションに支障が出てしまうこと。

(　　　　)

問題Ⅱ	次の1～2の人は、下のプラン1～4のどれに参加すればいいですか。

1　都会出身のサイードさんは田舎での生活にあこがれていて、アウトドアの活動を楽しみたいと思っている。8月いっぱいは夏休みなので、長くてもかまわない。

（　　　　）

2　パルミラさんとエミリアさんは普通の日本人の生活に興味がある。8月中旬に帰国する予定だが、ぜひ日本の古い祭りも見たいと思っている。

（　　　　）

東京で日本語を勉強している皆さん！ホームステイをしませんか？

募集人員はプラン1と2は2～3人、3は100人、4は10～15人です。

	プラン1	プラン2
場所	東京都三鷹市	京都府京都市下京区
期間	8月3日（土）4日（日）	7月15日～7月20日
費用	交通費（電車）のみ	往復の交通費のみ
家族構成	父、母、娘（中1）、息子（小5）	父、母、息子（大2）、娘（高2）
体験できること	一緒に日本料理を作って食べるなど、日本人の日常生活を体験！	観光地ではない京都を案内します。有名なお祭りも見られます！
	プラン3	プラン4
場所	北海道勇払郡	長野県茅野市
期間	8月7日～20日	8月10日～16日
費用	なし　参加者は一緒に移動（船、バス）	往復の交通費のみ（バス）
家族構成	家族による　皆農家	家族による
体験できること	乗馬、ハイキング、キャンプなど、戸外のアクティビティが盛りだくさん！一晩はテントで寝ます。	日本人の若者との交流のチャンスがたくさんあります。浴衣を着て盆踊り大会に参加！

＊大 … 大学生、高 … 高校生、中…中学生、小 … 小学生

問題Ⅰ 次の文章を読んで、後の質問に答えなさい。

1

　最近、まだ食べられる食品を捨てて無駄にしてしまう食品ロスが問題になっている。日本の食品廃棄量は 2016 年は 643 万トンで、政府はこれを減らすために新しい法律を作った。最も多くのロスを出しているのは食品メーカー、外食産業、スーパーやコンビニなどの小売店だ。そこで、まだ食べられるものは廃棄せず、フードバンクに寄付をするメーカーが増えている。フードバンクではそれらを必要とするところに送る。賞味期限が近づいた食品を買った客に、ポイントを付与するコンビニもある。

　しかし実は、食品ロスの半分近くは家庭から出ているのである。我々消費者も、買った食材は無駄にしないように注意しよう。また、野菜や果物を買うときに、形の美しさを気にするようなことはやめるべきだろう。

問　次の中で、食品ロスの削減と関係のないものはどれか、選びなさい。答えは一つとは限りません。

① 肉よりも魚や大豆製品と、新鮮な野菜を食べるようにしている。

② レストランで食べ切れなかった料理を持って帰り、うちで食べる。

③ もらった缶詰が好きではないので、フードバンクに寄付した。

④ 外食はなるべくせず、お昼はお弁当を持って行く。

⑤ すぐに食べるものは、消費期限が近づいているものから買う。

⑥ なるべくスーパーやコンビニではなく、近所の商店で買い物する。

⑦ 傷があったり形が悪かったりする野菜や果物は買わない。

（　　　　　　　　　）

2

顔に×印をつけたゾウに鏡を見せる実験をしたところ、鼻でこの印をさわる姿が観察され、米エモリー大（ジョージア州）などの研究チームが米科学アカデミー紀要に発表した。ゾウは鏡に映る姿が、他のゾウではなく、自分自身だと認識できる※1力を持つらしい。

実験はニューヨーク市の動物園で飼われている3頭の雌のアジアゾウに対して行われた。白い×印を顔につけたところ、「ハッピー」という名前の34歳のゾウが、飼育場の壁にかけられた鏡の前で、顔につけられた印を繰り返しさわる行動が観察された。

透明な塗料※2で見えない×印を顔につけて比べたが、こちらにはさわらなかった。ただし、残り2頭にハッピーのような行動はみられなかった。

自己認識能力はこれまで、鏡を見せる実験で、人間のほかサルとイルカにしかない、とされていた。研究者らは、認識能力の進化が動物の複雑な社会性などと関係するらしいと考えている。

2006年11月7日　朝日新聞

※1　認識する：しっかり理解する
※2　塗料：物の表面に塗って色などをつけるもの。ペンキなど

問　上の文章の内容と合っているものを選びなさい。
① 34歳の雌のゾウは、鏡の中の自分自身を認識することができた。
② 3頭の雌のゾウは、鏡の中の自分自身を認識することができた。
③ 3頭の雌のゾウは、顔につけられた×印を長い鼻でさわることができた。
④ ゾウは社会性のある動物のため、鏡の中の自分を認識できるようになった。

（　　　　　）

3

　コミュニケーションとは何か。それは、端的に※言って、意味や感情をやりとりする行為である。一方通行で情報が流れるだけでは、コミュニケーションとは呼ばない。[　1　]をコミュニケーションとは言わないだろう。やりとりする相互性があるからこそコミュニケーションといえる。

　やりとりするのは、主に意味と感情だ。情報伝達＝コミュニケーション、というわけではない。情報を伝達するだけではなく、感情を伝え合い分かち合うこともまたコミュニケーションの重要な役割である。何かトラブルが起きたときに、「コミュニケーションを事前に十分とるべきであった」という言葉がよく使われる。一つには、細やかな状況説明をし、前提となる事柄について共通認識をたくさんつくっておくべきであったという意味である。もう一つは、情報のやりとりだけではなく、感情的にも共感できる部分を増やし、少々の行き違いがあってもそれを修復できるだけの信頼関係をコミュニケーションによって築いておくべきであった、ということである。

齋藤 孝『コミュニケーション力』岩波新書

※　端的に：短く、簡単に

問1　[　1　]に入るものとして、最も適当なものを次の①〜④の中から選びなさい。
① 仕事上で必要な事柄を伝え合う行為
② テレビのニュースを見ている行為
③ 機械を通して意見をやりとりする行為
④ 互いに感情的になって怒鳴りあう行為

（　　　　）

問2　筆者の意見として正しいものを、次の①〜④の中から選びなさい。
① 仕事には感情を持ち込まないほうが共感を得られる。
② 仕事がうまくいかないときは、もっと熱心に話したほうがいい。
③ 詳しく状況を説明すればそれだけ信頼関係が強まる。
④ 信頼関係を作るには情報と感情のやりとりが必要である。

（　　　　）

4

　折り紙を折ったことがありますか。折り紙は、一枚の紙で鶴などの鳥や動物、花、箱などのいろいろなものを作ることができます。出来上がった折り紙は立体ですが、元に戻すとたった一枚の平らな紙なのです。

　折り紙は子どもの遊びと思っていませんか。実は最近、折り紙の技術は宇宙工学に応用されています。人工衛星を思い浮かべてみてください。人工衛星は、太陽電池を使って飛んでいます。人工衛星の周りに大きくて薄い円のようなものがありますが、これが太陽電池のパネルです。このパネルに折り紙の技術が使われているのです。まず、折り紙を折るように衛星パネルを作り、小さくたたみます。そして、宇宙に運んでから広げれば良いのです。このような研究は、特にアメリカでは国からお金がもらえるほどの大切な研究だそうです。

　また、てんとう虫の羽も、人工衛星のパネルを作るときにとても参考になるそうです。折り紙と同じで羽は小さくたたまれていますが、飛ぶときは大きく立体的になります。

　発明のヒントは、折り紙やてんとう虫などの身近なものにかくれているのかもしれません。

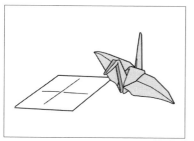  

問　上の文章の内容と合っているものを選びなさい。
① 身近なものをヒントに、折り紙で人工衛星のパネルを作る。
② 身近なものを作るために、アメリカでは国がお金を出す。
③ 身近なものを、子どもの遊びである折り紙で表現する。
④ 身近なものに発明のヒントになるものがあるかもしれない。

（　　　　）

5

ケーキ、プリン、ソフトクリームにヨーグルト、パスタやパンなど、私たちの身近には、おいしい食べ物がたくさんあります。これらの食べ物に共通していることは、いずれも乳製品が使われていることです。現在の私たちの食生活には、乳製品がずいぶんと使われています。冷蔵庫を開いてみてください。きっと、乳製品があることでしょう。乳製品は、食べ物の風味をまろやか※1にし、食文化に彩り※2を与えてくれます。でも、このような乳製品に溢れる※3生活になったのは、日本の歴史上では、実はつい最近のことなのです。

世界では、長い年月をかけて多様な乳製品が発達してきました。私たちがふだん利用しているバターやチーズは、欧米から影響を受けて発達してきたものです。その欧米式の乳製品も、世界の多様な乳製品のほんの一部でしかありません。例えば、モンゴルの遊牧民は、ミルクでお酒をつくっています。シリアの牧畜※4民は、とても噛み砕けないくらいカチカチに乾燥させた、熟成していない※5チーズをつくっています。インドの人びとは、あまり酸っぱくないヨーグルトをカレーにかけて食べています。

平田昌弘『人とミルクの1万年』岩波ジュニア新書

※1　まろやか：味などが穏やかなこと

※2　彩り：ここでは、いろいろな味わい、趣のこと

※3　乳製品に溢れる：乳製品がたくさんある

※4　牧畜：牛、羊などを飼って生活すること。遊牧は移動しながらそれを行うこと

※5　熟成していない：十分に発酵していない

問1　ケーキ、プリンなどに必ず使われているものは何ですか。　　　（　　　　　　　　　）

問2　欧米以外に何か国の例が書いてありますか。　　　　　　　　＿＿＿＿＿か国

問3　上の文章の内容と合っているものを選びなさい。
　①　世界の乳製品の大部分は欧米式である。
　②　世界にはいろいろな種類の乳製品がある。
　③　日本でも昔からいろいろな乳製品を食べてきた。
　④　ミルクから作られるものには似たものが多い。

　　　　　　　　　　　　　　　　　　　　　　　　　　（　　　　）

問題Ⅰ　次の文章を読んで、後の質問に答えなさい。

1

　外国にいって空港に降り立つと、その国、その社会の雰囲気や空気がなんとなく感じられる。それはなぜだろうといつも思っていたが、あるとき、その空港にいる人たちの顔であることに気がついた。

　そこにいる人たちが相手を警戒しているような顔つきの人ばかりだと殺伐とした[※1]雰囲気を感じる。そして、この国は危険なのだという緊張感が体じゅうに走り回る。

　それに対して、にこやかな笑顔に触れると、この国は気持ちの温かい国だなという安堵感[※2]が生まれる。こちらも自然にいい顔になる。

　できれば、(1)日本は後者であってほしい。これまで日本人は、どちらかというと顔を軽視するところがあった。それが、成田空港などに降り立ったとき、日本人がみないい顔をしているということになれば、外国人はホッとするだろうし、国際社会における日本のイメージもかなり変わるであろう。

　このような、いい顔を広めるためには、まず自分からいい顔をすることが大切である。いい顔と悪い顔は人から人へと伝染する。自分がいい顔をしていれば、家庭が、職場が、そして町全体が、社会全体がいい顔になる。さらには、日本全体がいい顔になって、それが世界中に伝染していくことになれば、(2)それほど楽しいことはない。

原島 博・馬場悠男『人の顔を変えたのは何か』河出書房新社

※1　殺伐とした：荒れていて、優しさがない感じ
※2　安堵感：ホッと安心した気持ち

問1　(1)日本は後者であってほしいとはどういう意味ですか。
　①　空港にいる人々の顔を見て、その社会の雰囲気や空気がわかるような国。
　②　人々の笑顔を見てその国の印象が良くなり、自分も笑顔になるような国。
　③　人々の顔が厳しく笑顔が見られないので、こちらも緊張してしまうような国。
　④　空港にいる人々を見て自分も笑顔になり、それが町じゅうに伝染するような国。

（　　　　　）

問2 (2) <u>それほど楽しいことはない</u>とはどういう意味ですか。

① 皆がいい顔になることは、あまり楽しいとは思わない。

② 皆がいい顔になることは、楽しいこととは限らない。

③ 皆がいい顔になっても、社会全体がよくなることはない。

④ 皆がいい顔になることより楽しいことはないと思う。

（　　　　　）

2

> 　この小さい本を書き始めてから八ヶ月も経ってしまった。何度途中で投げ出したくなったか分らない。
>
> 　書くべき材料は充分にある。資料も揃っている。それなのに書き始めると、文章が死んでいるのが自分にもはっきりと分ってしまうのだ。どうしてこんなことになるのかについて、いろいろと考えてみた。そして、はっと気がついたことは、相手がそこにいないという事実であった。
>
> 　私は読んだ本のこと、思いついたことを、次に出会う人の誰彼かまわず※1話すくせがある。話しているうちに、相手の反応に従って考えが次から次へと出てくるのである。家族のものでも、大学の同僚でも私につかまれば、私がいま何を考えているかを長々と聞かされて閉口する※2。本を書く時には、このフィード・バックが全くきかないのである。

鈴木孝夫『ことばと文化』岩波新書

※1　誰彼かまわず：誰にでも

※2　閉口する：困ってしまう

問　筆者はこの本を書き始めたとき、どうしてうまく書けなかったのですか。

① 話すことは好きだが、書くことは好きではないから。

② せっかく書いたのに、家族や同僚が読んでくれなかったから。

③ 何をどうやって書けばいいか、思い浮かばなかったから。

④ 相手からの反応なしに、一人で考えなければならなかったから。

（　　　　　）

3

---

① なお、マヨネーズの殺菌効果は強力で、ある病原菌にマヨネーズをつけたら、数十時間で死滅したという実験報告もあるくらいです。

② ふりかけ※でも、塩でも、醤油でも、とにかく何でも冷蔵庫に入れておけば安心だと思っている人もいるようですが、実は冷蔵保存をしないほうがいいものもあります。

③ というわけで、マヨネーズは、日が直接当たらないところに保存するのが一番。夏場、冷蔵庫に入れる場合は、冷え過ぎないように袋詰めするなどの方法をおすすめします。

④ マヨネーズもその一つ。卵黄と酢と塩、植物油を加えて乳化してつくるマヨネーズは、室温10〜30度くらいのときが一番乳化状態が安定していて、それ以上でも以下でも不安定になって分離しやすくなります。分離すると、油、酢、卵が別々になって、酢の殺菌力が全体に行き渡らなくなり、油も酸化されて傷みが早まってしまうのです。

竹内 均編『頭にやさしい雑学の本』三笠書房

※　ふりかけ：白いご飯の上にふりかけて食べる食品。乾燥しているので長もちする

問1　①〜④を正しい順番に並べて、まとまった文章にしなさい。

　　（　　　）→（　　　）→（　　　）→（　　　）

問2　筆者が最も言いたいことは何ですか。

① 食品の中には冷蔵庫に入れないほうがいいものもあり、マヨネーズもその一つである。

② 酢の殺菌力は大変強いが、10度以下、30度以上だと、その力が弱まってしまう。

③ マヨネーズには強力な殺菌作用があり、病原菌を殺すために使うこともできる。

④ マヨネーズを冷蔵庫に入れる場合は、冷え過ぎないように注意しなければならない。

（　　　　）

4

　2011 年 3 月 11 日、博物館の近くには 10 羽ほどのカラスがいたが、地震で揺れるまでは特に騒いでいなかった。だが、揺れはじめると騒ぎだした。一段落する※1 と枝に戻ったが、余震が来るとまた騒いだ。少なくとも私が見ていたカラスは、地震を予知してではなく、地震の揺れが到達してから騒いでいた。枝なんかどうせ風で揺れるのに不思議ではあるが、風もないのに揺れるのは気持ち悪いのかもしれない。もちろん、揺れと同時に発する音などを感知して騒いでいた、という事もあり得ないわけではないが。

　動物による地震の予兆現象※2 とされるものは様々あるが、問題なのは「カラスが普段、どの程度騒ぐのか」をなかなか定量化※3 できない事である。それに騒ぎ方には当然、日によって違いがある。だから「そういえばあの日は普段より騒いでいたような気がする!」と言われても、なかなか判断しにくいのだ。

松原 始『カラスの教科書』雷鳥社

※1　一段落する：ここでは揺れが一応おさまったこと
※2　予兆現象：地震が起こることを前もって知っていて取る行動
※3　定量化：決められた数値にすること

問　この文章のテーマは何ですか。

① 　カラスの騒ぎ方は日によって違うのか

② 　カラスは地震の時、どのように騒いだか

③ 　カラスの騒ぎ方を測ることができるのか

④ 　カラスは地震を予知することができるのか

（　　　　　）

5

朝食を食べると学力が上がる？

　（中略）このように、科学的な態度とは、疑問や問いを持って物事を見るということです。そして、観察した物事を抽象化して仮説を立てることが、科学という営み※1の最初のプロセス※2です。

　しかし、この仮説を立てるときに、私たちがよくやりがちな失敗があります。それは、相関関係と因果関係を取り違えてしまうということ。相関関係とは、二つのものごとが単にかかわり合う関係、因果関係とは、二つのものごとが原因・結果でつながる関係です。

　2003年に、国立教育政策研究所が、毎日朝食をきちんと食べている子どもは成績がいいという研究結果を発表しました。なぜ、そんなことがわかるのでしょうか。

　毎年、文部科学省は全国学力テストを実施していて、テストと同時にアンケートも取っています。テストの結果とアンケートを照らし合わせてみると、成績のいい子どもの多くが、毎日きちんと朝食を食べていることがわかりました。この結果から、「朝食を食べると、子どもの学力が上がる」と主張する人が出てきたのです。

池上 彰『はじめてのサイエンス』NHK出版

※1　営み：行為、行い
※2　プロセス：過程、経過、手順

問　「朝食を食べると、学力が上がる」について、筆者はどう考えていますか。

　①　朝食を食べることと、学力の高さに因果関係があるとは言いきれない。

　②　朝食を食べることと、学力の高さには因果関係があると言える。

　③　朝食を食べることと、学力の高さには相関関係があると言えるだろう。

　④　朝食を食べることと、学力の高さに相関関係があるとは言いきれない。

（　　　　　）

問題 I 次の文章を読んで、後の質問に答えなさい。

1

　僕が子供の頃（だいたい40年から50年ほど昔である）には、少年少女はみんな科学の虜になっていた※1。さきほど登場したお茶の水博士※2も敷島博士※3も、その当時のヒーローである。科学とは、すなわち「未来の夢」だった。将来きっと素晴らしい世の中になる、という輝かしい「絵」を大量に見せられた。そういう時代だったのだ。

　それから半世紀が過ぎ、その「輝かしい未来」はどうなったか、というと、エアカー※4が飛び回る大都会や、一般人の宇宙旅行などは実現しなかったものの、コンピュータも携帯電話もカーナビ※5も、すっかり普及し、身近なものになっている。むしろ想像以上に科学が浸透したといっても良い。世界中の人がその恩恵を受けている、とはまだ言いがたいけれど、トータル※6で平均的に評価すれば、まあまあいい線いっているのではないか。

　今の若い人たちは、そんな「輝かしい未来」に生まれてきたのに、どうもあまり「科学少年」「科学少女」にはなっていない。また、なろうともしない。どちらかというと、自然を愛するナチュラル指向で、スローライフ※7に憧れている。僕たちの世代よりも「科学的に後退」しているのではないか、と思えるほどだ。

森 博嗣『科学的とはどういう意味か』幻冬舎

※1　科学の虜になる：科学に夢中になる
※2　お茶の水博士：アニメ「鉄腕アトム」に出てくるアトムというロボットを作った人
※3　敷島博士：「鉄腕アトム」と同じ頃に人気があったアニメの中で、「鉄人28号」というロボットを作った人
※4　エアカー：空飛ぶ車
※5　カーナビ：車の中にある機械。車の位置を地図上に示してくれる
※6　トータル：総合、合計
※7　スローライフ：ゆっくりした生活

問1 輝かしい未来はどうなったと言っていますか。

① 予想された事柄は、けっこう実現した。

② 予想された事柄は、あまり実現しなかった。

③ 予想された輝かしさはなく、自然環境が悪くなった。

（　　　）

問2 筆者は現代の若者についてどう思っていますか。

① 科学は発展したが、それでも若者たちが自然を大切にしていることは喜ばしいと、頼もしく思っている。

② 科学の発展が予想より遅かったので、若者たちが科学に不信感を持ち、自然に戻ろうとするのは当然だと共感している。

③ 科学が発達しすぎ、現代の生活があまりに忙しいので、その反動で若者たちはゆっくりしたいのだろうと同情している。

④ 科学の発展のおかげで便利な生活をしているのに、若者たちが科学離れを起こしているのを不思議に思っている。

（　　　）

2

　日本には世界でも非常に珍しい風習があります。それは、多くの家庭では、家族の一人ひとりが自分の食器や箸を持っているということです。お父さんの茶碗と箸、お母さんの茶碗と箸、太郎君の、花子さんのと、家族の各々が自分専用の食器や箸を持っているのです。"めいめい箸"と言うそうです。

　この風習は、世界広しと言えども極めて少ない風習だと知ると、驚く人がいます。食器というものは、ほとんどの国では、高級品か安物かといった違いがあるか、そうでないとしたならば、普段用、祭り用、パーティー用などという違いがあるだけで、家族の一人ひとりが自分専用の食器を持つということはありません。

西江雅之『「食」の課外授業』平凡社

問 「驚く人」とありますが、それは誰ですか。

① 筆者　　　② 日本人　　　③ 日本以外の国の人

（　　　）

3

　それほど昔のことではありませんが、かつて世間では、食べ物の話題はもっぱら※1栄養とカロリーがどれだけ高いのか、ということに重点が置かれていました。食べ物の見かけや味、店の雰囲気などは、マスメディア※2で取り上げられることはあまりありませんでした。その当時は、子供の成長や大人の健康維持にとって、最も良い効果を得るにはどうすればよいか、といったことが、一般の人々の関心を引く話題だったのです。

　その後、「飽食※3の時代」と呼ばれる時代がやって来て、社会の事情は一変しました。痩せるためには何を食べたらよいか。こんな話題が、世間から何の抵抗もなしに、テレビや雑誌などで繰り返し取り上げられるようになりました。さらには、何処に行けば美味しい物が食べられるのか、といったことが一つの流行のようになり、人々は自分の舌で感じる味覚よりは宣伝や流行を信じて、食べ物を求めるようになる傾向を強めたと言えます。

西江雅之『「食」の課外授業』平凡社

※1　もっぱら：それだけであること

※2　マスメディア：テレビ、ラジオ、新聞、インターネットなど

※3　飽食：十分に食べること。食べ物に不自由しないこと

問1　「社会の事情は一変しました」とありますが、ここではどのように変わったのですか。

① テレビや雑誌の情報を信じて、自分で行ってその味を確かめるようになった。

② 栄養とカロリーの高さを重視していたが、身体に良い物だけを食べるようになった。

③ 食べ物が手に入りやすくなって、美味しい物を食べ過ぎて太る人が増えてきた。

④ 人々の関心が健康維持ではなく、痩せることや美味しい物を食べることに変わった。

（　　　　）

問2　最近のメディアであまり取り上げられなくなった話題はどれですか。

① 料理の見かけや味

② 痩せるための食事

③ 栄養とカロリーの高さ

④ おいしい店のある場所

（　　　　）

②～⑤を正しい順番_{じゅんばん}に並べて、まとまった文章_{ぶんしょう}にしなさい。

① 人が何かを食べるという事実は変わりません。しかし、何が「食べ物」かということに関しては、世間の目は大きく変わるに違いありません。

② 人は空気をタダで吸って生きている。その空気は、買ってきて吸う食べ物だということが常識になる日も来るでしょうか。

③ たとえば、わずか二、三十年前に、日本で水を買って飲むなどということを誰_{だれ}が本気_{ほんき}にしたでしょうか。

④ しかし、今では日本の都会の生活者は、石油_{せきゆ}より高い水を買って日常生活を送っています。

⑤ アラブ諸国_{しょこく}※では水は石油_{せきゆ}より高いという話に、人々はあきれたという気持を持ったものです。

西江雅之『「食」の課外授業』平凡社

※ アラブ諸国_{しょこく}：Arab nations 阿拉伯各国 các nước Ả Rập

①→（　　　）→（　　　）→（　　　）→（　　　）

問題Ⅲ　次の文章を読んで、後の質問に答えなさい。

　サイエンス※1は疑うことから始まります。私たちもまず、常識を疑ってみることにしましょう。一般的には、地球は温暖化していると言われています。でもはたして、本当なのか。地球温暖化は本当に起きているのでしょうか。

　実際、科学者のなかにも、地球温暖化を疑う人がいました。

　地球の歴史を見ると、地球全体が氷河※2に覆われた寒い時代と、温暖な時代を繰り返しています。そのサイクル※3で考えれば、地球は今度もずっと温暖化していくわけではなく、いずれまた寒冷期を迎えるに違いない。これが温暖化懐疑論※4です。

　この懐疑論に対しては、専門家の側から、近い将来に氷期がやってくる確率はきわめて低いという反論が出ていますから、それほど説得力がある議論とは言えません。

池上 彰『はじめてのサイエンス』NHK 出版

※1　サイエンス：科学
※2　氷河：glacier　冰河　sông băng, băng hà
※3　サイクル：循環、繰り返し
※4　温暖化懐疑論：温暖化を疑う論理

問　筆者の「常識を疑ってみる」とはここではどういうことですか。
　①　地球の温暖化は本当であることを証明すること。
　②　地球の温暖化を疑う人に説明してあげること。
　③　地球の温暖化を疑わずに温暖化対策を考えること。
　④　地球の温暖化は本当か、もう一度考えてみること。

（　　　　　）

問題 I　次の文章を読んで、後の質問に答えなさい。

　広い場所や、巨大な量を表すときに、「東京ドーム[※1]の何倍」という表現がよく使われる。数字よりはその方がイメージしやすいらしい。しかしそれは、逆にいえば、普通の数字で大きさがイメージできない人が大勢いることを意味している。面積や体積は、身近な単位であるメートル、キロメートルで表されるのだから、数字で示してもらえば、簡単にイメージできるはずだ。100 万平方メートルと聞けば、一辺が 1000 メートル、つまり 1 キロメートルの正方形を頭に思い描けば良い。自分が住んでいる街の、どのあたりからどのあたりまで、と想像することもできるはずだ。もちろん、1000 × 1000 が 100 万だという小学校レベルの算数の理解がなければ無意味ではある。

　東京ドームで大きさを示されても、東京ドームがどれくらいのサイズなのか知らないのが普通だ。（広さはともかく、体積はわかりにくいだろう）。数字で示してもらえれば、1 万立方メートルのビールとは、自分が飲むビールに換算したら何日分になるのか、という計算（概算）もできる。数字ほど、具体的で、はっきりと把握できるものはない。

　数字というのは、それがどのくらいのものなのかを伝えることができる最もわかりやすい指標[※2]だ。ところが、多くの人は数字を拒絶して[※3]しまい、「その数字を人間（みんな）がどう感じるのか」ということを知りたがる。水道管が破裂した[※4]事故を報道する TV[※5]では、何リットルの水が流出した、という数字を伝えればわかるところを、周囲の人たちにインタビューをして、どれくらい凄かったのか、ということを語らせようとする。そういう「人々の印象」を伝えることが「正しい情報」だと考えているようにさえ思える。マスコミの報道を見ていると、この「印象」「主観」情報の比率がどんどん高くなっているのではないかと感じる。

森 博嗣『科学的とはどういう意味か』幻冬舎

※1　東京ドーム：東京にある屋根付きの野球場。コンサートなどにも使われるので、多くの
　　　　　　　　日本人が知っている
※2　指標：基準となる目印
※3　拒絶する：受け入れない
※4　破裂する：内部からの圧力で勢いよく壊れる
※5　TV：テレビ

問1 第1～2段落に書かれている筆者の意見として、正しいものを選びなさい。
① 大きな面積や量を表すときには、数字より具体的な例の方がわかりやすい。
② 1000 × 1000 が 100 万だということは、普通の人にはわかりにくい。
③ 大きな量を表すときには、東京ドームよりビール瓶の方がわかりやすい。
④ 東京ドームなどを使うより、具体的な数字を示された方がわかりやすい。

（　　　　）

問2 「周囲の人たち」とありますが、それは誰のことですか。
① テレビ番組を見ている人たち
② 水道管が破裂するのを見た人たち
③ テレビ番組を作っている人たち
④ 筆者の周りにいる人たち

（　　　　）

問3 「語らせようとする」のは誰ですか。
① テレビ番組を見ている人たち
② 水道管が破裂するのを見た人たち
③ テレビ番組を作っている人たち
④ 筆者

（　　　　）

問4 「思える」とありますが、誰がそう思っているのですか。
① インタビューを受けた人
② インタビューをした人
③ 普通の人
④ 筆者

（　　　　）

問5 筆者の考える「正しい情報」とは何ですか。
① 実際に見た人たちの言葉
② 具体的な数字
③ 印象や主観
④ マスコミの報道

（　　　　）

問題Ⅱ　　A、B 二つの文章を読んで、後の質問に答えなさい。

A

　先日テレビのインタビューで、60 歳ぐらいの女性が、コンビニが 24 時間開いていないと困る、老人は突然具合が悪くなったりするから、と言っているのを聞いて驚いた。病気やけがなどに必要なものなら、買い置きしておくべきだろう。その女性の若い頃には、スーパーは 7 時、コンビニでも 11 時に閉店していたことを考えると、便利さに慣れる怖さということを考えずにはいられなかった。

　夜中に突然何かを食べたくなった若者が、それを買いにコンビニに行くというコマーシャルが昔あったが、そのような人たちのために無理して営業する必要があるのか。そのためのコストは人件費だけではない。例えば電気代はどうか。場所によって客のニーズは異なるから、24 時間営業の店があってもいいが、たとえば住宅街にある店なら夜 9 時頃から朝 6 時頃まで閉店してもいいのではないか。そうすれば電力の消費量も減らせるだろう。

B

　コンビニの 24 時間営業が問題になっている。24 時間営業が難しいのは人手不足によるところが大きいようだ。店員が確保しにくい夜中は閉店もしかたがないということだろう。

　しかし、コンビニは今や社会インフラ※と呼んでもいい存在ではないだろうか。幹線道路沿いのコンビニが夜中の営業をやめたら、物流を担うトラックのドライバーは困るだろう。自動販売機があればいいというものではない。そこに店員という「人」がいることが大切なのだ。たとえ話はしなくても、夜中に働く者同士のつながりがあるような気がする。

　住宅街でも、夜遅く一人で帰宅するとき、コンビニの明かりを見るとホッとする。あたりが真っ暗だったら、きっと怖いだろう。コンビニは日本社会の安全にも役立っていると思う。お年寄りや外国人にも働きやすい環境を整えて、なんとか店員を確保できないだろうか。夜中の営業をやめるのは、夜間人口が少ない地域だけにしてもらいたい。

※　インフラ：インフラストラクチャーの略。水道、ガス、電気、道路など生活に必要な設備

問1 コンビニの24時間営業について、AとBはそれぞれどう言っているか、次の①〜④の中から選びなさい。

① AもBもやめた方がいいと述べている。

② AもBもなるべく続けるべきだと述べている。

③ Aは全面的にやめるべきだと述べ、Bは全面的に続けるべきだと述べている。

④ Aは基本的にやめるべきだと述べ、Bは基本的に続けるべきだと述べている。

（　　　　　）

問2 AとBは何を根拠に自分の意見を述べていますか。

① Aは消費者の行動や環境問題について考え、Bはコンビニの社会的役割について考えている。

② Aはコンビニの社会的役割について考え、Bはインフラとしてのコンビニについて考えている。

③ Aは消費者の利便性を重視し、Bは便利さよりも人と人とのつながりを重視し、従業員のことまで考えている。

④ Aは社会はそれほど便利でなくてもいいと考え、Bは便利さのためにインフラを整備するべきだと考えている。

（　　　　　）

問題Ⅲ 次の文章を読んで、後の質問に答えなさい。

　心理学者エンデル・タルヴィングの実験の内容は極めて[※1]シンプルなもので、家具やデスク、テーブル、テレビ、パソコンなどが雑然と[※2]配置された部屋を被験者[※3]に見てもらう。

　ひと通り部屋の中も見てもらった後、被験者をふたつのグループに分け、ひとつのグループには「さっきの"リビング"にあったものを思い出してください」、もうひとつのグループには「"研究室"にあったものを思い出してください」と質問する。

　するとどうだろう。"リビング"と言われた方はいかにもリビングにありそうなソファーやテレビなどを思い出し、"研究室"と言われた方はパソコンやデスク、書類の山といったいかにも研究室にありそうなものだけを思い出した。

　ひどい人になると「パソコンは絶対になかった」とか「辞典があった」など、その場に「(あったのに)なかった」、あるいは「(なかったのに)あった」と言い張る[※4]人も出てきたのである。

植木理恵『脳は平気で嘘をつく』角川書店

※1　極めて：大変

※2　雑然と：整理されていない様子

※3　被験者：実験される人

※4　言い張る：強く主張する

問　上記の実験で証明されたことは何ですか。

① 人は自分の好きなものしか覚えられないこと。

② 質問者の言い方によって人の記憶は簡単に操作されてしまうこと。

③ リビングと研究室は、置かれているものが違うということ。

④ リビングと研究室が同じ部屋だった場合、見た人の記憶が混乱すること。

（　　　　　　）

Step 3

問題 I　下の文が上の文の内容と合っていたら○、違っていたら×を書きなさい。

1　戦争のない世界を作れないものか。

（　　　）戦争のない世界なんて作れるわけがない。

2　せっかく入った大学をやめたいだなんて、まったく息子は何を考えているのやら。

（　　　）息子が大学をやめたいと言っているが、どうしてそんなことを言うのか理解で
きない。

3　みんなの準備が終わりしだい出発しましょう。

（　　　）準備が終わった人から順番に出発しましょう。

4　うまくいくかどうかは運しだいだ。

（　　　）うまくいくかどうかは運による。

5　私が聞いた限りでは、あのプロジェクトはあまり進んでいないようだ。

（　　　）私は、あのプロジェクトはあまり進んでいないとは聞いていない。

6　A「忘年会の場所、去年と同じ店でいいよね」　B「それはどうかな」

（　　　）BはAの意見に反対している。

7　政府は麻薬の原料となるけしの花の栽培を禁止し、警察に取り締まりの強化を命じた。

（　　　）けしの花の栽培が禁止され、政府は警察に取り締まりの強化を命じられた。

8　この実験はうまくいかないだろうと思っていたが、結果は案の定だった。

（　　　）実験は失敗した。

9　あなたの言っていることは、私にはさっぱりわからない。

（　　　）あなたの言っていることは、私には少ししか理解できない。

10　ざっと計算してみたところ、予算内で収まりそうもないことがわかった。

（　　　）私はもう一度細かく計算してみた。

11　チンさんはもともと発音がきれいだったが、来日して1年、語彙も増え、いっそう日
本語が上手になった。

（　　　）チンさんはこの1年よく努力して、きれいな発音と語彙を身につけた。

12　数学が得意な田中さんも、さすがにこの問題はわからなかったという。

（　　　）田中さんさえわからないほど、この問題は難しい。

問題Ⅱ 後ろに続くものとして、良いものを選びなさい。

1 こんなこと、やめられるものなら＿＿＿＿＿＿＿。
①　やめたくない　　　　　　　②　やめたい

2 自分の目で確かめない限り、そんな話は＿＿＿＿＿＿＿。
①　とても信じられない　　　　②　信じざるを得ない

3 アインさんは日本語を専攻していただけあって＿＿＿＿＿＿＿。
①　日本語の知識が豊富だ　　　②　日本語が上手だろうと思う

4 あのピアニストの演奏は、国内のみならず＿＿＿＿＿＿＿。
①　海外でも評価が高い　　　　②　海外の方が評価が高い

5 1万円も出して買ったものにしては＿＿＿＿＿＿＿。
①　買わなければよかったと思う　②　安っぽく見えますね

6 バーゲンセールに行って、いろいろ悩んだあげく、結局＿＿＿＿＿＿＿。
①　両手に持ちきれないほどたくさん買い物をしてくるだろう
②　何も買わずに帰ってきた

7 建物が大きく揺れたかと思うと、＿＿＿＿＿＿＿。
①　電気が消えて真っ暗になった
②　実はめまいのせいで、そう感じただけだった

8 あんな混んだ電車に乗ろうものなら＿＿＿＿＿＿＿。
①　なんとか授業に間に合うのだが
②　大きな荷物は持たない方がいいだろう
③　着くまでにけがをしてしまうかもしれない

9 少子化が進んでいるので、今後は女性や高齢者の労働力を抜きにしては＿＿＿＿＿＿＿。
①　外国人労働者がいっそう増加するだろう
②　経済成長はあり得ないだろう

問題Ⅰ　下の文が上の文の内容と合っていたら〇、違っていたら×を書きなさい。

1 帰国に先立って、お世話になった方々への挨拶回りをした。
（　　　）帰国後すぐに、お世話になった方々のところへ挨拶に行った。

2 開会式を控え、関係者は忙しく走り回っている。
（　　　）開会式はすでに終わった。

3 あの人がなぜあんなことを言ったのか、私にはわかりかねる。
（　　　）あの人があんなことを言った理由が少しわかる。
（　　　）あの人ならあんなことを言いかねない。

4 ロボットが家事をやってくれる日が来ると、30年前のだれが予想しただろうか。
（　　　）30年前には、ロボットが家事をやってくれる日が来ると思っている人はいなかった。

5 高橋さんに連絡を取ろうとした矢先に、向こうからメールが来た。
（　　　）私が高橋さんにメールを送ったら、すぐに返信が来た。

6 私ほど不思議な体験をした人はめったにいるまい。
（　　　）こんなに不思議な体験をした人はあまりいないと思われる。

7 親の気持ちは、いずれわかるときが来る。
（　　　）親の気持ちは今はわからないが、いつかはわかるだろう。

問題Ⅱ　後ろに続くものとして、良いものを選びなさい。

1 何か月も厳しい練習をしてきた。それだけに、負けたときは＿＿＿＿＿。
① 悔しくてたまらなかった　　② もっと練習しておくべきだった

2 私は日本のアニメにかけては＿＿＿＿＿。
① だれよりも詳しいという自信がある　② だれにも負けられない

3 参加するにせよしないにせよ、＿＿＿＿＿。
① 早めに連絡してください　　② ようやく連絡した

4 雨は降るには降ったが＿＿＿＿＿。
① 土砂降りで、大きな被害が出た
② ほんの少しで、相変わらず水不足が続いている

114

5 辞書を見たにしても、この作文は＿＿＿＿＿＿。

① 間違いが多い　　　　　　　② よく書けている

6 今までの監督のやり方からすると、＿＿＿＿＿＿。

① 今度も厳しい練習をさせるだろう　② うまくいかないに違いない

7 私はサッカーが好きで、国にいたころは週に２、３回はやっていた。しかし日本へ来てからは、サッカーをするどころか＿＿＿＿＿＿。

① テレビで試合を見る時間さえない

② 野球を教えてもらったら、野球の方が面白くなった

8 給料は高いに越したことはないが、＿＿＿＿＿＿。

① 私にとっては仕事の内容の方が重要だ

② あまり安くて生活できないほどだと困る

9 よほどあわてていたものと見え、彼女は＿＿＿＿＿＿。

① 実は落ち着いた性格の持ち主である

② 事故にあうのではないかと心配だ

③ 私の話も聞かずに走って行ってしまった

10 夜中に急に虫歯が痛み出した。歯医者へ行こうにも＿＿＿＿＿＿。

① 診察時間はとっくに終わっている

② 結局朝までずっと痛みは続いた

③ 急いでタクシーを呼んだ

11 最近の若者は楽をしてもうけようとする傾向が強いように思われる。中には自分からは何もせず、周りから与えられるのを待っているような若者もいる。しかし努力して成功したものにしてみれば、＿＿＿＿＿＿。

① 苦労して得た金こそが価値のあるものなのである

② 若者たちにとってはスマートさに欠けるのである

問題 I 　　次の文章を読んで、後の質問に答えなさい。

1

　結論から言えば、たばこにストレスを解消する効果はありません。たばこを吸ったあとに「ストレスが減った」と感じるのは、体内にニコチン※が入ることで、ニコチンの離脱症状（イライラや集中困難、落ち着かないなどの禁煙による禁断症状）が消えるのを、ストレス解消だと錯覚しているに過ぎません。

　初めて吸ったときのたばこの味はどうだったでしょう。たいていの場合、気分が悪くなっただけで気持ちがよくなることはなかったはずです。これは、ニコチンを体に入れても、気分をよくする効果はないからです。アルコールを初めて飲んだときに、人を酔わせる効果があるのと対照的ですね。

　たばこを吸い続けると、脳がなまけてドーパミン（幸せ気分に関係する脳内ホルモン）が出にくくなります。そして、体内のニコチンが切れると、離脱症状のために食事や仕事など生活全般の幸福感も目減りしていきます。そうした中でたばこを吸うと、体内で減ったニコチンを補給するため、そのときは満足感が得られるようになります。

　例えるなら、きつい靴をはき続けたあとにその靴を脱ぐと足がほっとするようなもので、「きつい靴は足のストレスを解消する」とは言えませんね。

　逆に禁煙すると、たばこによって起きていたニコチンの離脱症状といった普段のストレスがなくなって、精神的な健康度は上がります。対人関係のトラブルが減ったり、自動車の運転で歩行者や他のドライバーに対して優しくなったりするというのも禁煙外来ではよく聞く話です。

　喫煙者の半数がたばこ関連の病気で早死にすることが分かっていますので、吸い続けるよりは無理をしてでもやめたほうが健康にいいでしょう。百歩譲って、ストレスが解消できたとしても、喫煙で健康を害するのでは本末転倒というべきでしょう。ニコチンの離脱症状が続くのはせいぜい1週間です。禁煙は必ず実現できます。

2016年8月10日　毎日新聞社提供 https://mainichi.jp/articles/20160810/k00/00e/040/200000c?inb=ys
鵬友会・新中川病院　禁煙指導専門医師　加濃正人氏インタビューより

※　ニコチン：たばこに含まれる成分

問1　たばこを吸った後にストレスが減ったと感じるのはなぜですか。

_____

問2　初めてたばこを吸ったときに気分が良くならなかったのはなぜですか。

_____

問3　「きつい靴はストレスを解消する」とは言えませんとありますが、たばこに当てはめて言うとどうなりますか。
①　体内にニコチンを入れて禁断症状が消えても、ストレスを解消したことにはならない。
②　体内にニコチンを入れて禁断症状が消えれば、その後ストレスを感じることはない。
③　体内にニコチンを入れても満足感が得られなければ、ストレスは解消できない。
④　体内にニコチンを入れて満足感が得られれば、その後のストレス解消につながる。

（　　　　）

2

　日本では食事をするとき、はしを使う。食事の際にはしは、食事をする私たちに一番近いところに横に置かれる。私はこれが普通だと思っていた。ところが、同じように食事の際にはしを使う中国や韓国では異なり、食事をする人の右側に口に入れる方を相手に向けて縦に置かれる。日本では、はしはどうして横に置くのだろうか。これには二つの理由があると言われている。はしは細く、少し危険なものなので、はしの先を相手に向けるのは失礼だと考えた。また、日本では食べ物は自然界や神様からもらったものと考えた。横に置いたはしの手前は私たち人間の世界、向こう側は神様の世界なのである。はしは神様の世界と人間の世界とを分けるためのものなのである。

問　上の文章の内容と合っているものを選びなさい。
①　中国や韓国では、はしは使いやすければどこへ置いてもいいことになっている。
②　筆者は、今でもはしを横に置くのはどの国でも普通だと思っている。
③　日本でははしは、一緒に食事をする相手に危険を与える恐れがあった。
④　はしを横に置くのは、神様と人間の世界を分けるという考えからである。

（　　　　）

3

　私は、20 代のうちに絶対にやっておいたらいいのが、「人生最大の失敗をする」ことだと考えています。

　人生後半の失敗は、経済的にも社会的にも、精神的にも立ち直るのに時間がかかります。しかし、20 代ならば、いくらでも挽回できます[1]。だから、リスクを取ることを恐れないで、何でも挑戦してみましょう。

　成功した人に話を聞いてみると、彼らのほとんどが 10 代、20 代で大失敗をしています。絶対にその立場にはなりたくないというような、聞いているだけで卒倒し[2]そうな失敗話をよく聞きました。

　でも、不思議なことに、本人は、それをいたって[3]楽しそうに語るのです。

　失敗を後悔するというより、「よくもあんな大胆なことをしたよな、でも俺もたいしたもんだ」という、どこか誇らしいとさえ思っているふうです。

　たとえば、1 億円を借りて、いきなりビジネスをやり出したとか……普通に考えたら、無謀[4]以外の何ものでもないと思いますが、私は、それを聞いて、その無謀さのスケールの大きさに打ちのめされる[5]思いがしました。

　人生で早いうちに大きな失敗をすると、あとはプラス勘定になります。逆に、最初から失敗しないように、安全な道ばかり選んでいると、失敗もない代わりに、何のドラマもない人生になってしまいます。

　リスクを冒して失敗することは 20 代でできる、いちばんの財産です。

　将来、「目を見張るような活躍」をするためには、「目を覆うような失敗」を恐れないことです。

本田 健『20 代にしておきたい 17 のこと』大和書房

※1　挽回する：回復する、取り戻す
※2　卒倒する：倒れる
※3　いたって：とても
※4　無謀：よく考えずに乱暴なことをすること
※5　打ちのめされる：立ち直れないほど大きなショックを受ける

問1 20代で「人生最大の失敗」をした方がいい理由として、<u>書かれていない</u>ものを選びなさい。

① 現在成功している人の中にも、若いころに大きな失敗をした人が多いこと。

② 安全な道を選べば経験が一つ一つプラスされ、大きな成功につながること。

③ 年を取ってからよりも若いころの失敗の方が、挽回のチャンスが多いこと。

④ 初めに大きな失敗をしてしまうと、その後はプラス方向に進むことになること。

（　　　　　）

問2 筆者はなぜ「打ちのめされる思い」がしたと考えられますか。

① そんな無謀なことをした人がなぜ成功できたのか、理解できなかったから。

② 無謀なことをした人がそれを楽しそうに語ることに、ショックを受けたから。

③ その程度の失敗がのちの成功につながったことが、うらやましかったから。

④ 自分にそんな失敗をする勇気があるかどうかわからず、自信をなくしたから。

（　　　　　）

問題Ⅱ　②〜⑤を正しい順番（じゅんばん）に並べて、まとまった文章（ぶんしょう）にしなさい。

①　20代でしておきたい二つめのことは、「大好きなことを見つける」です。

②　でも、「20代だからこそ、好きなことをやりましょう」——そう私は言いたいのです。

③　そして、しばらくすると、何も感じない、考えられないようになってしまう。あなたのまわりにも、そういう30代の人がいるのではないでしょうか？

④　大人になったら好きなことばかりやっていられない、むしろ嫌（きら）いなことをこなしていくのが10代とは違う、20代になった証拠（しょうこ）と思っている人もいるかもしれません。

⑤　なぜかというと、多くの人が30代に入って、「このままでいいんだろうか？」と考えるようになります。そして、「もっと、自分らしいことをしたい」と思いながらも、日常生活のストレスとプレッシャーで、感覚が麻痺（まひ）してきます。

⑥　もちろん、何年かたったときに、「好きなこと」が変わる可能性はあります。でも、「才能の原型（げんけい）」というのは一緒なので、スタートは早くていいのです。

本田 健『20代にしておきたい17のこと』大和書房

①→（　　　　）→（　　　　）→（　　　　）→（　　　　）→⑥

問題Ⅲ 次の文章を読んで、後の質問に答えなさい。

> 「会社」という言葉について、私には苦い経験があります。もうかれこれ二〇年近くも前のことですが、中国の大学で日本の法人資本主義について講演をした時のことです。
>
> 「あなたたちの中国は社会主義です」といって、黒板に「社会主義」と書き、「これに対して日本は会社主義です」と、社会と会社という漢字の順序をひっくり返して説明したのです。私は中国語ができませんから、中国人で日本語もできる人がそれを通訳したのですが、私の話を通訳の人が訳して話しても、聞いている学生は全く反応を示さないのです。自分では気のきいた話※1をしたと思っていたのに、拍子抜け※2しました。
>
> あとになって考えれば、これは当然のことだったのです。中国には「社会」という言葉はありますが、それをひっくり返した「会社」という言葉はないのですから、「社会主義と会社主義は反対だ」といっても意味が通じないのです。

奥村 宏『会社とはなにか』岩波ジュニア新書

※1　気のきいた話：ここでは、ちょっと面白い話
※2　拍子抜け：ちょっとがっかりすること

問 筆者は学生にどんなことを伝えようとして、うまくいかなかったのですか。

① 皆が知っている漢字を用いて日本の社会を表すことができる。

② 日本では、会社主義という考えに基づいて皆が働いている。

③ 漢字の順序を変えただけで、日本社会を表現する意味になる。

④ 日本人は皆働き過ぎで、会社中心の生活をずっと続けている。

（　　　　　）

問題 I　次の文章を読んで、後の質問に答えなさい。

1

　企画というと、仕事につながるものだとか、何か大層なものだと思うかもしれません。しかし、もっと身近な例でいうなら、「今度の日曜日、せっかくの休みなんだから何かしよう」と考えるのも企画です。「今日はいつもより一時間早く仕事が片付いたから、普通なら電車に乗って帰るところを、バスを乗り継いで帰ってみよう。その途中でこういうことをやってみようか」と思うことも企画です。

　企画を考えたり実施したりするチャンスは日常の中にたくさんある。(1) <u>そこに気づくか気づかないかで、人生の楽しさは大いに変わってくると思います</u>。ただ早く帰れたからといって、ごろごろテレビを見るとか漫画を読むとか、それでは「もったいない」。その一時間を使って何か面白い企画を立てることで、人生はグンと楽しくなります。

　僕だったら、もしも突然予定していた仕事が空いて、ぽっかり一時間できたら、本来なら自分が絶対にしないであろう時間の使い方をします。「ちょうど一時間余ったから、前からやらなきゃと思っていたあれを片付けよう」というよりは、神様が突然、サービスで一時間くれたと考えて、普段ならまずやらないことをやってみる。

　例えば高いビルに登り、てっぺん※からあたりを見下ろして、面白そうなところを一点見つけて、そこに行ってみるなんてことが意外と面白い。

　それから、いつも前を通るだけで入ったことのない公園がある。その公園に足を運んでみて、ブランコに乗ってみる。そうしたら次からその公園の前を通るときに「あのブランコは、あんな乗り心地なんだよな」とわかります。

　本来なら行くはずもない場所へ行ってみると、必ず何か (2) <u>摩擦</u>が起こります。摩擦はほんの一振りでも、平凡な日常の味わいをがらりと変えてくれるスパイスです。

　その結果、散々がっかりして、嫌な目にあったとしても、それはそれで構わない。散々がっかりしたことも、きっといつかどこかで役に立ちます。

小山薫堂『もったいない主義』幻冬舎

※　てっぺん：一番上

問1 この文章（ぶんしょう）の中の「企画（きかく）」とは、例えばどんなことですか。

① 空いた時間を作るために段取りをすること

② 新しい本のストーリーを考えて楽しむこと

③ 空いた時間に何をするか、あれこれ考えること

④ 少しでも時間ができたら、行ったことのないところへ行くこと

（　　　　　）

問2 筆者（ひっしゃ）は一時間の空きができたら、例えばどんなことをすると言っていますか。二つ書きなさい。

_____

_____

問3 (1) そこに気づくか気づかないかで、人生の楽しさは大いに変わってくると思いますとありますが、気づかない人はどうしますか。

① いつも通りのことをする。

② いつもとは違うことをする。

（　　　　　）

問4 ここでいう (2) 摩擦（まさつ）とはどのようなものだと考えられますか。

① いつもと違うために、人を不安にさせるもの

② 仕事から離（はな）れ、リラックスさせてくれるもの

③ 日常と違うので、少し心に引っかかるもの

④ 日常から離（はな）れ、心を解放（かいほう）させてくれるもの

（　　　　　）

2

　人間が食べても生命に支障がない物、すなわち「食べられる物」と、個々の社会で「食べ物」として認められている物。この違いに気づく人がほとんどいないというのは驚きです。往々にして「食べられる物」ということを、個人的な好き嫌いによる「食べられる」、「食べられない」ということと混同する人がいますが、ここでの「食べられる」、「食べられない」というのは、個人的な好みではなくて、人類としてという意味です。

　「食べられる物」は人類共通です。ケニアのマサイ人が納豆を食べても、フランス人が納豆を食べても、命に支障はありません。マサイ人もフランス人も日本人と同じ人間ですから、彼らにとっても納豆は「食べられる物」なのです。しかし同時に、彼らにとっては納豆は「食べ物」ではありません。他方、砒素※1や青酸カリ※2をスープに溶かして飲むことは誰にも出来ません。砒素や青酸カリは、人類すべてにとって、「食べられる物」ではないからです。こうした毒物は、もちろん、「食べ物」としての話題にも入らない物だと言えます。

　（中略）

　いつの時代、何処の土地でも、人間は「食べられる物」から何かを選び、そのことに理屈を付け、自分たちの「食べ物」として認めています。すなわち、「食べ物」は「食べられる物」のほんの一部なのです。

西江雅之『「食」の課外授業』平凡社

※1　砒素：arsenic　砷　asen
※2　青酸カリ：potassium cyanide　氰化钾　kali xyanua

問1　上の文章の内容と合っていたら○、違っていたら×を書きなさい。

1（　　　）「食べられる物」であるかどうかは個人の好みによる。

2（　　　）ケニアのマサイ人にとって、納豆は「食べられる物」である。

3（　　　）日本人にとって、納豆は「食べ物」である。

4（　　　）毒物は誰にとっても「食べられる物」ではない。

問2 「食べられる物」と「食べ物」の関係を図にすると、次のどれになりますか。

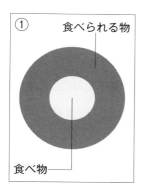
① 食べられる物／食べ物

② 食べ物／食べられる物

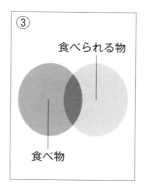
③ 食べられる物／食べ物

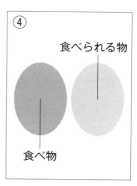
④ 食べられる物／食べ物

（　　　　　）

練習問題 **18** 日目

【問題Ⅱ】 ②〜⑤を正しい順番（じゅんばん）に並べて、まとまった文章（ぶんしょう）にしなさい。

① 「文化」。

② もちろん、そうした事物も、すべて文化の一部を成しています。

③ 流行の先端（せんたん）を行く事物だけに限られているわけでもありません。

④ それは、なにも高度の技術（ぎじゅつ）で作られていたり、手が込んでいたり、といった事物のみを意味しているのではありません。

⑤ しかし、もっと普通（ふつう）の事物、一般的に大したことがないとされているような事物も、すべて文化の重要な要素（ようそ）となっているのです。

⑥ 高級フランス料理も、高級懐石（かいせき）料理も文化ですが、喫茶店（きっさてん）での割引（わりびき）モーニング・サービスも、安い立食い蕎麦（そば）も、立派（りっぱ）な文化項目（こうもく）なのです。

西江雅之『「食」の課外授業』平凡社

①→（　　　　）→（　　　　）→（　　　　）→（　　　　）→⑥

問題Ⅲ　A、B 二つの文章を読んで、後の質問に答えなさい。

A

　海外の美術館では写真撮影はできるが、日本の美術館ではほとんど許可されていない。日本では写真を撮ることに夢中にならず、実物をゆっくりと鑑賞してほしいという意図なのであろう。最近は、スマートフォンのカメラが高性能になり、素人でも撮影は容易になった。写真をSNSにアップすることも人気である。静かに見ている人の迷惑にならなければ、写真を撮ってもよいのではないか。写真撮影が許可されれば、お気に入りの作品を何度も眺めて楽しむことができる。今まで美術館に行ったことがない人も行くようになるかもしれない。美術館の貴重な作品を広く知ってもらう良い機会になると思う。

B

　美術館では写真を撮ることは考えず、実物の良さを時間をかけて鑑賞したい。作品についての説明もじっくり読みたい。写真撮影ができる美術館ではしばしば見かけることだが、写真を撮っている人は撮影に集中してしまい、作品の鑑賞を忘れているように見える。作品のそばで長い時間をかけて写真を撮り、その写真を見て友人と騒いでいる人がいる。スマートフォンのシャッター音も静かな美術館では気になる。また、著作権の問題もある。撮影された写真を誰がどのように利用するのかまではチェックすることはできない。

問1　美術館での写真撮影について、A、Bはそれぞれどう言っているか、次の①～④の中から選びなさい。

①　AもBも、自分で楽しむための写真なら撮ってもいいと述べている。

②　AもBも、シャッター音がうるさいので写真撮影はしないほうがいいと述べている。

③　Aは集中して作品を鑑賞できなくなると述べ、Bは写真は良い記念になると述べている。

④　Aは美術を楽しむ人が増えるだろうと述べ、Bは作品の鑑賞の妨げになると述べている。

（　　　　　）

問2　A、Bどちらにも書かれていることは何ですか。

① 美術館は来場者に説明も読んでほしいと思っていること。

② 周りの人の迷惑になることをしてはいけないということ。

③ 美術館は来場者を増やす方法を考えたほうがいいということ。

④ 写真を撮ってSNSにアップするには著作権上の問題があること。

（　　　　　）

問題Ⅳ　次の文章を読んで、後の質問に答えなさい。

> 　親にひどい体罰を受け、児童相談所に保護される子どもが後を絶たない。中には命を失う子どももいる。親に命を奪われるほど恐ろしく、悲しいことがあるだろうか。さらに恐ろしいのは、逮捕されて「しつけのためにしたことだ」と言う親が多いこと、そしてその彼らもまた、多くは親から暴力を受けてきたことだ。子どもに暴力を振るう親は、それによって自分の怒りやストレスを発散させているだけではないかと思っていたが、中には本当に、それ以外のしつけ方を知らない親もいるらしい。

問　なぜ恐ろしいのですか。

① 子どものためを思ってしたことが、子どもの命を奪ってしまったから。

② 子どもに暴力を振るう親は、自分のストレスを発散させているだけなのに、しつけのためだとうそを言うから。

③ 親から暴力を振るわれて育った子は、親になったときに自分も「しつけ」として暴力を振るいやすいから。

④ 自分の怒りやストレスの発散をしつけだと勘違いするような人間が親になっているから。

（　　　　　）

問題Ⅰ　次の文章を読んで、後の質問に答えなさい。

1

　ご存知の方もいらっしゃるかと思いますが、私は2011年に「ロボットは東大に入れるか」と名付けた人工知能プロジェクトを始めました。当時、国内には他に AI の大規模プロジェクトはありませんでした。10年計画なので今は中間地点を超えてさらに進んだところです。お陰様で、プロジェクトは「東ロボくん」の愛称でメディアに大きく取り上げられ、多くの人に知られることになりました。2016年2月には Netexplo Award という名誉ある賞もいただきました。Netexplo は世界中の IT のプロジェクトの情報を収集・分析している組織で、数千に及ぶ IT 系のプロジェクトから毎年 10 件を選定して表彰して※います。

　それ自体はとても嬉しいことなのですが、実は、困ったこともあります。ロボットが東大合格にチャレンジしているという情報が、結果として、AI は東大入試に合格できるレベルまで達している、あるいは達する可能性が高いという、間違ったメッセージを社会に発信してしまうことになったからです。

新井紀子『AI vs. 教科書が読めない子どもたち』東洋経済新報社

※　表彰する：功績を人々に知らせ、ほめること

問1　それ自体とは Netexplo という組織から賞をもらったことと、もう一つは何ですか。
　①　国内初の人工知能プロジェクトを始めたこと。
　②　プロジェクトがメディアに取り上げられたこと。
　③　プロジェクトが中間地点を超えて進んだこと。
　④　東大に合格できるロボットを開発していること。

（　　　　）

問2　上の文章の内容と合っているものを選びなさい。
　①　このプロジェクトは、東大に合格できるロボットを開発できるレベルである。
　②　このプロジェクトは、ロボットを東大に合格させるために発足したものである。
　③　このプロジェクトは、表彰され、人々の期待するレベルまで研究が進んでいる。
　④　このプロジェクトは、東大合格レベルのロボットが作れる可能性はまだ低い。

（　　　　）

2

　基礎読解力とアンケート結果との間に、何ら意味ある相関が見つからない中、大変気になることが見つかりました。就学補助率と能力値との強い負の相関です。学校教育法第19条では、「経済的理由によって、就学困難と認められる学齢児童又は学齢生徒の保護者に対しては、市町村は、必要な援助を与えなければならない」と定めています。援助の必要があると判断された児童・生徒は、就学補助を受けています。就学補助を受けているか否かは、アンケートでは聞いていません。協力いただいた中学校に就学補助率を伺いました。すると、就学補助率が高い学校ほど読解能力値の平均が低いことがわかったのです。つまり、貧困は読解能力値にマイナスの影響を与えています。

新井紀子『AI vs. 教科書が読めない子どもたち』東洋経済新報社

問　上の文章の内容と合っているものを選びなさい。答えは一つとは限りません。

① 経済的な問題がある家庭の子どもには、市町村が援助している。

② 経済的な援助が必要な子どもは、アンケートによって明らかになった。

③ 就学補助率が高いことと、子どもの読解力には関係があるとわかった。

④ 子どもの読解力が伸びないのは、保護者に経済的な問題があるからだ。

（　　　　　　　　　）

3

　現代社会は「秒速の時代」といわれるほど移り変わるスピードが速くなり、私たちはこれまでのように、若い時に勉強した知識の蓄えだけでは生きていけなくなりました。年齢に関係なく、常に知識を得ようという「攻め」の姿勢でいないと時代に取り残されてしまうのです。

　また先行き※1の見えない社会では、「自衛※2」のための知識も増やさなければなりません。

　こうして人々が知に貪欲※3になっている時代に訪れたのが、空前※4の「学び直しブーム」です。勉強を始める大人は、今も増え続けています。大学院に通い始める人、カルチャースクールに通い始める人、資格の勉強を始める人……。きっかけがどうであれ、ともかく勉強を始める人が増えたということ自体は、私も良いことだと思っています。

　でも、皆さんの勉強する姿を見ていて、もったいないな、と思うことがあります。それは、「大人の勉強ができていない」ということです。

　勉強とは、ただ何かを覚えることではありません。何かを考えることです。そして考えたことを表現すること、アウトプットすることが大事なのです。インプットして、考えて、アウトプットする。この一連の作業をまとめて、「大人の勉強」と呼びたいと思います。受験前に一生懸命詰め込みをしていたのは、大人からいわれてやらされる子どもの勉強です。せっかく大人になって自分から勉強を始めたというのに、またインプット作業に執着※5してしまっては逆戻りです。

小川仁志『覚えるだけの勉強をやめれば劇的に頭がよくなる』PHP研究所

※1　先行き：将来

※2　自衛：自分の力で自分を守ること

※3　貪欲：大変欲が深いこと

※4　空前：これまでに例がないこと

※5　執着：心がとらわれて離れないこと。あまりいい意味では使われない

問1　上の文章は、筆者が本の初めに書いたものです。この本はどんな内容だと思いますか。

① 勉強のやり方がわかっていない子どもに向けて、効率の良い勉強方法を教えている。

② 受験生に、大人にやらされるのではなく、自分で考えて勉強するよう教えている。

③ 現代においては、社会に出てからも学び続けなければならないことを教えている。

④ 学ぼうとする大人に向けて、どのように勉強すればいいか教えようとしている。

（　　　　　）

問2　「大人の勉強」とはどういうものだと言っていますか。

①　自分の楽しみのために勉強すること。

②　大学院やカルチャーセンターで勉強すること。

③　得た知識に基づいて考え、それを外に発信すること。

④　仕事のために勉強して資格を取ること。

（　　　　）

4

　社会人には勉強するための時間が用意されていないので、自分で作り出すしかありません。時間を作り出すための1つ目の方法は、睡眠です。

　昼休みの5分か10分くらい、席でうとうとしてパッと目が覚めた時に、何でもできそうなくらいに頭がスッキリしている。そんな経験はないでしょうか。

　人間が一番集中できる時間は、よく寝た直後だと思います。本を読むのも速いし、文章を書くのも速い。何をするにもはかどります。私はこの時間を、スイートタイムと呼んでいます。

　スイートタイムを知ってから、寝る時間よりも集中できる時間を気にして生活するようになりました。一日何時間寝ようと決めるのではなく、一日のうちにスイートタイムを何回作れるか、ということを重視しています。昼間の時間ずっと起きているよりも、こまめに寝ているほうが、トータルでは集中力の高い時間を増やすことができるのです。夜も同じです。眠くなるまで起きています。何時に寝るかは決めていません。

小川仁志『覚えるだけの勉強をやめれば劇的に頭がよくなる』PHP研究所

問　筆者の言う「スイートタイム」とは何ですか。

①　夜深く眠った後の時間

②　眠くなったら寝る、その寝ている時間

③　朝起きて、頭がスッキリしている時間

④　眠くなったら寝て、その後起きた時の時間

（　　　　）

問題Ⅱ これは雑誌『がんばろう！日本語』に載っている投稿に関するルールです。次の文章を読んで、後の質問に答えなさい。

【投稿に関するルール】

雑誌『がんばろう！日本語』は、毎月15日に発行される留学生向けの日本語による雑誌です。
私たちは、読者である留学生の皆さんからの投稿を募集しています。
投稿に関するルールは、以下のとおりです。

＊日本語で本人が書くこと。

＊受け付ける投稿は、皆さんの意見や経験を書いた作文、他の読者や日本の人にあてた
　手紙、詩や俳句などです。組み合わせて書くこともできます。

＊長さは全部で500字までとします。

＊雑誌に載った投稿は、当社ホームページに載ることがあります。

＊投稿する人は、氏名、職業、連絡先（電話番号やメールアドレス）を明記してください。

＊雑誌には、名前が載ります。実名を原則とします。

＊すでに公開した作品は、投稿できません。

＊内容を変えずに一部直すことがあります。

＊雑誌に載った場合は、お礼として雑誌をお送りしますので、採用された方には雑誌の
　送付先住所をお尋ねします。お礼の辞退もできます。

＊著作権は、『がんばろう！日本語』に属します。

投稿先：『がんばろう！日本語』出版　投稿係

　　　　〒123-4567　東京郵便局私書箱1号

　　　　または、gambarounihongo@toukou.com

◎毎月末をもって投稿を締め切り、翌月15日以降に発行する『がんばろう！日本語』に
　採用分を載せます。なお、投稿の可否についてのお問い合わせには一切答えられません。
◎イラストや写真、日本語以外の言語による投稿、他人を傷つけたり、差別する内容の投
　稿は受け付けません。嘘もやめてください。

☆皆さんの投稿をお待ちしております！！！がんばろう！日本語！

　　　　　　　　　　　　　　　　　　　　　　　　　『がんばろう！日本語』編集部

問 1　日本語を勉強しているタイ人の A さんは、大阪旅行の経験について投稿するものを書こうと思っています。旅行の思い出として、日記、写真があります。授業で作った俳句も使いたいと思っています。A さんが投稿できるのは、どれですか。

① 日記をもとにして書いた 500 字くらいの作文に、大阪のイラストをつけたもの。

② 旅行中のできごとを英語で詳しく書いて、最後に俳句もつけたもの。

③ 大阪の皆さんにあてた手紙を書き、最後に俳句もつけたもの。

④ 日本語学校のホームページに載せた自分の作文と俳句。

（　　　　）

問 2　ブラジルに住んでいる B さんは、自分の投稿が雑誌に載ることになりました。このあと B さんがお願いすれば認められることは何ですか。

① お礼の雑誌はいらないので、雑誌社にそれを伝える。

② もう一つ投稿しているので、それが載るかどうか尋ねる。

③ 急にはずかしくなったので、国籍や名前を載せないでほしいと伝える。

④ 自分が書いた作文が少し違う文になっていたので、雑誌社に苦情を伝える。

（　　　　）

3
6
練習問題 ⑲日目

問題 I 　次の文章を読んで、後の質問に答えなさい。

1

　英米語の幼児語 mama と papa は、赤ん坊が無意識に出す最初の有声子音 M を母親に、意識的に出す最初の無声子音 P を父親に充てている。すべてのことばの音のうち、赤ん坊が最も発音しやすい二音である。よく出来ているなぁと感心するしかない。

　一方で日本語は「母」に M 音を充てていない。しかし、あっという間に「ママ」という呼び方が習慣化してしまったことはご承知のとおりである。

　「ママ」と「パパ」が定着したのは、六十年代にアメリカのホームドラマを次々と放送したテレビ局のせいばかりじゃない。人間の生理に即した見事なことばだったからだ。幼児語や擬音・擬態語（オノマトペ）には、このように、感性に即したことばの音使いを多く見つけることが出来る。

　では日本で「ママ」が習慣化するまで、赤ちゃんの発音から素直に派生する、母親方面を指す幼児語はなんだったのだろう。実は、日常の用事を済ます会話に必ずしも主語や目的語を必要としない日本語では、自然な対話文で「母親」という生物個体を主張するシーンがあまりない。日本語では「ママが、あなたに、プリンを作ってあげるわ」とは言わない。「プリン、作ってあげようねぇ」である。

　これに加えて、アルバイトのベビーシッター※1 を雇う習慣がなく、おんぶや抱っこの習慣によって母親に密着して育てられる日本の赤ん坊には、あまり「母親」という生物個体を認識する機会がないのだ。このため、日本の赤ん坊は、「まんま※2」とか「ぱいぱい※2」のような、空腹や不快、不安を解消してもらうための語を先に覚え、その機能提供者として母親を認識している。

黒川伊保子『怪獣の名はなぜガギグゲゴなのか』新潮新書刊

※1　ベビーシッター：小さい子どもの世話をするために雇われた人
※2　まんま、ぱいぱい：ご飯、ミルクを意味する赤ん坊の言葉

問1 <u>よく出来ているなぁ</u>とはどういう意味ですか。

① 赤ん坊が二つの発音を区別していること。

② 英米語は日本語に比べて発音しやすいこと。

③ 英米語は無意識に出す音で意味を表現できること。

④ 赤ん坊の発音しやすい音が両親を意味する音であること。

（　　　　）

問2 日本で「ママ」に当たる幼児語が使われていなかったのはなぜですか。

① アメリカと比べベビーシッターを雇う習慣がなく、母親と赤ん坊は常に一緒にいるため、母親を呼ぶことばは必要がなかったから。

② 日本語は主語を言わないことが多く、幼児は母親を生物個体としてではなく、自分の望む機能の提供者として認識していたから。

③ 英米語には「ママ」という言葉があるが、日本語には母親と赤ん坊だけに意味がわかる特別なことばが存在していたから。

④ 日本語は主語が省略される言語であり、赤ん坊は自己主張しなくても食べ物やミルクを得ることができるから。

（　　　　）

2

　いつからか、日本では道路をつくる公共事業の評判がよくない。でもエチオピアにいると、それがいかに大切かがわかる。道路が整備されなければ、教育機会までも失われるからだ。

　田舎に小学校を建てても、先生がいないとはじまらない。先生のなり手は都会出身者が多いので、電気も道路もないような僻地※にはなかなか来てくれない。赴任しても、すぐいやになって辞めてしまう。

　道路が未舗装だと、乗り合いバスの運賃が跳ね上がる。本数も減る。買い物で町と往復するだけでお金と時間がかかる。学校に行った村の子が「今日も先生、町から戻らなかった」と言って帰ってくることも。

　交通料金はあらゆる物価に影響する。都会からの商品は距離が遠く、悪路だとそれだけ高価になる。衣類や灯油などの必需品も手に入りづらくなる。その状況は舗装道路が整った国からは想像しにくい。

　日本でも途上国に学校を建てるための寄付が呼びかけられる。だが建物だけでは十分ではない。教員を養成する機関が必要だし、そこに入る生徒を育てる初等教育も重要。教科書をつくれる研究者も欠かせない。先生に給料を払いつづける予算もいる。

　エチオピアにはたくさんの援助がくる。井戸を掘ることも、植林をすることも、たくさんの条件がそろってはじめて持続可能になる。人助けは、そう簡単ではない。

松村圭一郎「持続可能な人助けって？」 2018年4月17日　朝日新聞

※　僻地：都会から遠く離れた田舎

問1 道路が整備されていないとどうなるか、上の文章に書かれていることを全て選びなさい。

①　運ばれる商品の値段が高くなる。

②　乗り合いバスの運賃が高くなる。

③　道路建設の寄付が呼びかけられる。

④　バスの本数が少なくなる。

⑤　教育が受けられないこともある。

⑥　学校の先生の給料が安くなる。

⑦　他の国から様々な援助が来る。

（　　　　　　　　　　　）

問2　<u>人助けは、そう簡単ではない</u>とあるが、それはなぜですか。

①　例えば、植林をするためには多くの木と人手が必要だから。

②　例えば、いい道路の必要性は日本ではあまり感じられないから。

③　例えば、子ども達に教育の機会を与えるには、校舎を建てるだけではダメだから。

④　例えば、道路事情が悪いと物価が高くなり、必要な物資も手に入りにくくなるから。

（　　　　　）

3

　　一言でいうと、メディアはいま顔を隠しつつあります。たとえば電話では、相手と顔を合わせないでも話ができます。それでも電話では声の調子で相手の顔の様子が想像つくかもしれません。ところがパソコン通信や電子メールではそれもわからなくなります。マルチメディア社会が到来して、まったく顔を知らない人とも気軽にコミュニケーションができる時代になったのです。

　　人類が生まれてから数十万年（数え方によっては数百万年）の間はそうではありませんでした。相手とコミュニケーションをするということは、顔を見せるということだったのです。そのためには顔を一番相手の見やすいところに置いておいた方がいい。衣服を着ても顔だけは出しておくということで、顔の存在はコミュニケーションの基本だったのです。

　　ところがメディアが発達するにつれてしだいに顔を見せないコミュニケーションがむしろ普通になってきました。私はそれを「匿顔のコミュニケーション社会」と名付けています。匿顔は顔を隠すという意味ですが、もちろんこれは匿名という言葉をもじった※新造語です。

原島 博『顔学への招待』岩波科学ライブラリー

※　もじる：よく知られている言葉をまねて作る

問　「匿顔のコミュニケーション社会」とはどんな社会ですか。

①　顔を見せずに顔を知らない人と気軽にコミュニケーションをする社会。

②　数十万年も前から顔を見てコミュニケーションするために発達した社会。

③　パソコン通信や電子メールで遠くの相手と気軽にコミュニケーションできる社会。

④　電話などで顔を見せずに声の調子で相手の様子を理解しようとする社会。

（　　　　　）

問題Ⅱ　A、B 二つの文章を読んで、後の質問に答えなさい

A

　70歳以上の高齢者ドライバーが引き起こす交通事故が問題になっている。70歳になったら、運転免許を持つ人は全員運転免許を返納するようなルールを作ればいいと思う。年齢が高いドライバーほど自分の運転に自信を持っているという調査があるが、技術は高くても体の機能が衰え、反応が遅くなるのである。長年親しんだ運転ができなくなるのは残念だろうが、自分が交通事故の加害者になることを想像してみてほしい。

　免許返納後は、自治体によって異なるが、バスが半額になったり、タクシー料金が割引になったりなど、生活が不便にならないようなサービスも用意されているので、それを利用すればいい。

B

　高齢者ドライバーといっても運転の能力には個人差がある。若くても運転技術が低い人もいれば、高齢者でも運転技術が高い人もいる。ある年齢になったら全ての人が運転免許を返納せよというルールは画一的である。60歳頃から半年ごとに医療機関で認知機能の検査を必ず受けるというルールを作ったほうがよい。この検査で「運転は危険である」と医師が判断した人は免許を返納する。高齢者であっても運転に支障がない人は運転を続ける。

　運転ができなくなった人への自治体のサービスはまだまだ整っていないのが現状である。公共交通機関の発達した大都市と、車が主な移動手段である地方都市とでは異なるサービスが求められる。

問1　運転免許の返納についてA、Bはそれぞれどう言っているか、次の①〜④の中から選びなさい。

①　AもBも、高齢になったら早く免許を返納したほうがよいと述べている。

②　AもBも、免許を返納した人に対するサービスを整えるべきだと述べている。

③　Aは70歳で免許を返納すべきだと述べ、Bは60歳で返納すべきだと述べている。

④　Aは70歳で免許を返納すべきだと述べ、Bは個人差を考慮すべきだと述べている。

（　　　　）

問2 運転免許の返納後のサービスについて、A、Bはそれぞれどう言っているか、次の①
〜④の中から選びなさい。

① AもBも、自治体のサービスについて例を挙げて述べている。

② AもBも、自治体のサービスはまだ不十分であると述べている。

③ Aは自治体のさまざまなサービスを述べ、Bは地域によって異なるサービスが必要だ
と述べている。

④ Aは自治体のサービスの現状を述べ、Bは自治体のサービスはある程度評価できると
述べている。

(　　　)

問題 I　次の文章を読んで、後の質問に答えなさい。

1

[第一段落]

　技術（ぎじゅつ）というものは、次の三つの点から、評価（ひょうか）されねばならない。（1）使い手の生活を豊（ゆた）かにすること、（2）使い手と相性（あいしょう）がいいこと、（3）使い手の住んでいる環境（かんきょう）と相性がいいこと。

[第二段落]

　産業革命（かくめい）以来、技術（ぎじゅつ）はわれわれの生活を豊（ゆた）かにしてきた。エンジンはわれわれの筋肉（きんにく）を増（ぞう）強（きょう）し、その結果（けっか）、われわれは楽に大きな力を出せるようになった。望遠鏡（ぼうえんきょう）や顕微鏡（けんびきょう）は目の力を増強（ぞうきょう）し、遠くのものや小さいものを見えるようにしてくれた。コンピュータは脳（のう）の力を増強（ぞうきょう）し、おかげではやく複雑（ふくざつ）な計算（けいさん）をしたり、大量（たいりょう）の記憶（きおく）を処理（しょり）できるようになった。

[第三段落]

　これらの技術（ぎじゅつ）がわれわれの暮らしを豊（ゆた）かにしてきたのは、間違いのない事実である。しかし、使い手を豊（ゆた）かにするという観点（かんてん）ばかりに重きをおいて※技術（ぎじゅつ）を評価（ひょうか）する従来（じゅうらい）のやり方を、考え直すべきときにきているのもまた事実である。自動車というものは、これまでの基準（きじゅん）からすれば完成度のかなり高い技術（ぎじゅつ）なのだけれど、人間との相性や環境（かんきょう）との相性を考えに入れると、まだまだ未熟（みじゅく）な技術（ぎじゅつ）と言っていい。

[第四段落]

　人間との相性ということからみれば、道具が、手や足や目や頭の、すなおな延長（えんちょう）であれば、それに越したことはない。作動する原理（げんり）が、道具と人間とで同じならば、相性はよくなる。残念ながら、コンピュータやエンジンは、脳（のう）や筋肉（きんにく）とはまったく違った原理（げんり）で動いている。だから操作（そうさ）がむずかしいのである。[　　　　　]自体、車というものが、まだまだ完成されていない技術（ぎじゅつ）だという証拠（しょうこ）であろう。

[第五段落]

　環境（かんきょう）と車との相性の問題は、大気汚染（おせん）との関連で今まで問題にされることが多かった。しかし、ここで論じてきたように、車というものは、そもそも環境（かんきょう）をまっ平らに変えてしまわなければ働けないものである。使い手の住む環境（かんきょう）をあらかじめガラリと変えなければ作動しない技術（ぎじゅつ）など、上等な技術（ぎじゅつ）とは言いがたい。

本川達雄『ゾウの時間ネズミの時間』中央公論新社

※　重きをおく：重視する

問1 車を文章中の（1）〜（3）で評価するとどうなるか、最も適当なものを選びなさい。

	（1）	（2）	（3）
①	◯	×	×
②	◯	◯	×
③	×	◯	×
④	×	◯	◯

（　　　　）

問2 ［　　　　　］に入るものとして、最も適当なものを選びなさい。
① コンピュータと異なった原理で動いていること
② コンクリートや石などの固い道路の上でしか速く走れないこと
③ 自動車学校にみんなが行って免許をとらなければいけないこと
④ 目の力や脳の力を増強してくれないこと

（　　　　）

問3 この文章の構造として、正しいものを選びなさい。
① 第一段落から第四段落で色々な考え方を述べ、第五段落で筆者の意見を述べている。
② 第一段落で結論を述べ、第二段落から第五段落でその理由を説明している。
③ 第一段落から第三段落で筆者の意見を述べ、以下で例を挙げて説明している。
④ 第一段落で総論を述べ、第二段落から第五段落で各論を述べている。

（　　　　）

3
6
練習問題㉑日目

2

　大きいということは、それだけ環境に左右されにくく、自立性を保っていられるという利点がある。動物は体の表面を通して環境に接している。サイズが大きいほど体積あたりの表面積は小さくなるので、表面を通しての環境の影響を受けにくくなると考えられる。

　このよい例が体温である。サイズの大きいものほど恒温性※1を保ちやすい。これは、茶碗のお湯はすぐさめるが、風呂のお湯は、暖めるにも時間がかかるけれど、さめるのもゆっくりだ、というのと同じ原理である。体積は長さの三乗※2に比例するが、表面積は長さの二乗※3に比例する。だから＜表面積／体積＞は、長さ（サイズ）が大きくなるのに反比例して小さくなっていく。大きい風呂の方が、寒い外気に接する面積が茶碗と比べて相対的に小さいことになる。だからさめにくいのである。このことから類推すれ※4ば、サイズの大きい動物ほど環境の急激な温度変化に耐えることができるだろう。

　体温が一定であるということには、もっと大きな利点がある。体内で起こっている化学反応の速度は温度によって変わり、温度が高い方が速度は速くなる。筋肉の収縮※5ももちろん化学反応にもとづいているから、収縮速度は温度によって違ってくる。だから、さっきと同じタイミングで腕を伸ばしても、そのとき前より体温が下がっていたら獲物※6を逃してしまう。これは、はなはだ※7都合が悪い。

本川達雄『ゾウの時間ネズミの時間』中央公論新社

※1　恒温性：体温を一定に保つ性質

※2　三乗：cube　立方　lũy thừa ba

※3　二乗：square　平方　lũy thừa hai

※4　類推する：推量する

※5　収縮：縮むこと

※6　獲物：捕まえる動物

※7　はなはだ：大変

問1　上の文章の内容と合っているものを選びなさい。

① サイズの大きい動物ほど、環境の急激な変化を受けにくい。

② サイズの大きい動物ほど、外気に接する面積の割合が大きくなる。

③ サイズの大きい動物ほど、体温が高く、低くなりにくい。

④ サイズの大きい動物ほど、筋肉の収縮速度が速くなる。

（　　　　　）

問2　体温が一定であることの利点の例はいくつ挙げられていますか。

① 一つ　　② 二つ　　③ 三つ

（　　　　　）

3

僕が日本とつきあってきた四半世紀のあいだに、日本人が人を判断する基準がだいぶ変わってきたような気がします。ある人間と向き合ったとき、その人をなにによって評価するのかという決め手が、昔といまではかなり変わってしまったように感じられるのです。

どのように変わったかというと、アメリカ——とくにレーガン※以降のアメリカ——の影響を受けて、人を「結果」で判断しすぎるようになったと感じられて、僕はとても悲しく思っています。というのも、はじめて僕が日本に来たとき、「ああ、ここはいちばん自分の肌に合う国だ」と思ったのは、人を判断する基準が、ほかの国、とりわけアメリカとはちがうと思ったからなのです。

そのころ、僕は毎年、一年のうちの何カ月かを、アメリカのある研究所で過ごしていました。その日々のなかで、僕は、この国では人を判断する基準が「結果」であることを思い知らされ、同時に、それになじめない自分を感じていました。

結果で人を判断するというのはどういうことかというと、たとえばアメリカにはこんな有名な文句があります。"If you're so smart, why aren't you rich?" つまり、あなたが賢いと言うのなら、なぜいまお金がないのか、おまえが本当に賢いなら、お金は稼げたはずだろう、ということです。価値のあるなしはいま出ている結果でしか測れないし、結果を測る基準はお金なのだ、というのです。この国ではお金がない人は評価すべき対象ではないのだと感じました。

ピーター・フランクル『ピーター流生き方のすすめ』岩波ジュニア新書

※ レーガン：1911 年生まれ。アメリカの第 40 代大統領（任期 1981 ～ 1989 年）

問1 そのころとはいつですか。

① 1 年前　　② はじめて日本へ来たころ　　③ アメリカで暮らし始めたころ

（　　　　）

問2 この文章の内容をまとめたものとして、最も適当なものを選びなさい。

① 昔の日本はアメリカと違って、価値のあるなしを結果で測ってきた。

② 昔のアメリカは日本と違って、結果を測る基準はお金ではなかった。

③ 日本もアメリカのように、人を結果で判断できるようになった。

④ 日本もアメリカのように、人を結果で判断するようになってしまった。

（　　　　）

問題Ⅱ 最近、公園などからゴミ箱をなくす例が増えている。それについてのA、B二つの意見を読んで、後の質問に答えなさい。

A

　公園にはいろいろな人が集まる。小さな子どもを遊ばせる母親、散歩する高齢者、ジョギングをする人々。公園はまたコミュニケーションの場にもなっていて、お弁当を食べたりお茶を飲んだりしながら話を楽しんでいる人も多い。お祭りが行われることもあるし、子ども達が遠足で来ることもある。そのときゴミを捨てる場所がないと不便だ。

　確かに、掃除をしたり、ゴミを処理したりするには人手もお金もかかる。しかしゴミ箱をなくした結果、公園内や公園の周りの歩道の植え込みに、食べ終わった弁当ガラやペットボトルが落ちているという住民からの苦情も増えているそうだ。公園にゴミ箱があれば皆そこに捨てるだろうから、かえって手間も経費も節約できるのではないだろうか。

B

　山や海へ遊びに行ったとき、人々はゴミをどうするだろう。ほとんどの人は持って帰るはずだ。なぜなら、そこにゴミ箱がないから。逆に言えば、人はゴミ箱があるとそこに捨てるのだ。そう考えると、公園からゴミ箱をなくすのは当然のことだと思われる。特に生ゴミはカラスやネズミのエサになるので、何日もそこにあったりしては不衛生だ。臭いが出て、公園の利用者から不満が出るかもしれない。

　それに、ゴミ処理の経費は誰が負担するのか。特にイベントなどがあれば、多額の費用がかかるだろう。それをその自治体だけに押し付けるのはどうだろうか。各自が自分のゴミを持ち帰り、自分の住む場所で処理するべきだと考える。誰しも大きなゴミを持ち帰りたくはないから、結果的にゴミの減量にもなるのではないだろうか。

問1 　A、Bどちらにも書かれていることは何ですか。

① ゴミ処理のコストを減らすため、ゴミを減らす必要があること。

② ゴミ箱にゴミがあると、公園の利用者から苦情が出ること。

③ 公園には大勢の人が集まり、多くのゴミが出ること。

④ 多くの人々はゴミ箱があればそこにゴミを捨てること。

（　　　　）

問2 公園のゴミ箱について、ＡとＢはそれぞれどう言っているか、次の①〜④の中から選びなさい。

① Ａは、ないと不便だからゴミ箱はあった方がいいと述べ、Ｂは、自分の出したゴミは自分で処理すべきだから、ゴミ箱はない方がいいと述べている。

② Ａは、ゴミ処理の費用と衛生上の理由からゴミ箱はなくてもいいと述べ、Ｂは、公園の利用者から不満が出るから、ゴミ箱はあった方がいいと述べている。

③ Ａは、ゴミを周りに散らかさないようにするためにもゴミ箱は必要だと述べ、Ｂは、イベントの際の大量のゴミのことを考えて、ゴミ箱は必要だと述べている。

④ Ａは、公園内をきれいにしておくためには不便であってもゴミ箱をなくすべきだと述べ、Ｂは、衛生上の問題とコストの面から、ゴミ箱をなくすべきだと述べている。

（　　　　　）

問題Ⅰ 次の文章を読んで、後の質問に答えなさい。

1

　僕は 23 年間、大学で学生の指導をしてきた。工学部だったから、全員が理系である。数学や物理が（平均よりは）得意なはずの人たちだ。また、他学科や他学部の学生がちらほらと講義を聴きにくることもあるし、文系の学生を対象としたゼミ（講義ではなく、全員で順番に発表し合うような形式の授業）を担当したこともある。僕は、常に学生に質問を促す。1 回の講義で 1 人必ず 1 回は質問をするように、とルールを決めたこともある。また、100 人くらいが聴いている講義で、毎回紙片を配り、全員に質問を提出させるようなこともした。それらの質問はワープロで打ち、個々に回答も書く。それをプリントして次の講義で全員に配布した。自分以外の全員が何を質問したかもわかる。毎回それをやるのである。

　疑問を持つこと、質問をすること、つまり問題を見つけることは、科学にとって非常に大事なことだ。否、科学だけではない。どんな分野であっても、何が問題なのかを常に知ろうとしなければならない。その姿勢が、ものごとを前進させるといっても良い。<u>問題が発生するのを待って</u>、それを解決するだけでは駄目だ、ということである。もっと極端にいえば、解決など誰にだってできる。そんなに難しい問題なんて、この世にはほとんどない。過去の経験の蓄積もあるので、大概はマニュアルになっているだろう。面倒だったり、技術的に難しかったり、費用がかかる、という困難さはあっても、どうやって解決すれば良いのか一つも方法を思いつけないという難問は滅多にない。99 パーセントの問題は、機械的に解決できるといっても過言ではないだろう。

　難しいのは、問題を見つける方だ。何が問題なのかを発見することこそ、一番重要な仕事であり、それこそ人間の能力が問われる。

　したがって、[　　Ａ　　]よりも[　　Ｂ　　]の方がはるかに頭を使う。

森 博嗣『科学的とはどういう意味か』幻冬舎

問1 第一段落で、筆者は大学で教えていたときに、どんなことをしたと言っていますか。

① 自分の質問に対する答えを書いて提出させ、それを次の時間に学生たちに配った。

② 学生が100人いても、必ず1回の講義の中で、一人1回は質問して答えさせた。

③ 毎回学生たちに質問を書かせて提出させ、その質問と回答を皆にわかるようにした。

④ 学生たちが互いに質問し、わかっている学生たちがそれに応えるようにした。

（　　　　　）

問2 「問題が発生するのを待つ」とは、ここではどういう意味ですか。

① 何が問題なのか知ろうとする

② 自分で問題を見つけようとしない

③ 問題に対して疑問を持つ

④ ものごとを前進させる気持ちがない

（　　　　　）

問3 ［　Ａ　］［　Ｂ　］に入る言葉の組み合わせとして、適当なものを選びなさい。

① Ａ：質問に答えること　　　　　Ｂ：質問をすること

② Ａ：質問をすること　　　　　　Ｂ：質問に答えること

③ Ａ：問題の発生を待つこと　　　Ｂ：問題を解決すること

④ Ａ：問題を解決すること　　　　Ｂ：問題の発生を待つこと

（　　　　　）

2

　人間が話す言語がいったいどれくらいあるのか、その数を正確に計算することは非常に難しいことですが、ある言語学者の統計によれば、これまでに存在した言語は全部で約7000種類くらいで、現在の地球上で使われているものだけに限れば、だいたい3000種類くらいの言語があるとされます（これには異説もたくさんあります）。しかしこれらの言語を表記するための文字となると、その数はぐっと少なくて、だいたい400種類くらいと推定されています。

　なおこの400種類というのは、「ヒエログリフ」という名で知られる古代エジプトの象形文字※1や、粘土板に刻まれたメソポタミアの楔型文字※2などの古代文字、あるいは契丹族が中国北部に建てた遼王朝（916～1125年）で使われた「契丹文字」、メキシコから中米にかけて六世紀以降に栄えたマヤ文明で使われた「マヤ文字」のように、まだ完全には解読されていない文字も勘定※3の中に入っています。つまり古今東西に存在した、あらゆる文字の総数が、だいたい400くらいだと推定されるわけです。

　このように文字の種類が言語の数にくらべて十分の一くらいしかないということには、もちろん理由があります。理由の一つは、「みずからを表記するための文字をもたない言語」があるからです。世界中のどんな言語であれ、「a_____のみあってb_____をもたない言語」はあっても、その逆の場合、つまり「c_____だけあってd_____をもたない言語」というものは存在しません。文字をもたない言語が使われているところでは、いわゆる「無文字社会」が形成されます。

阿辻哲次『漢字のはなし』岩波ジュニア新書

※1　象形文字：hieroglyph　象形文字　chữ viết tượng hình
※2　楔型文字：sphenogram　楔形文字　chữ viết hình nêm
※3　勘定：計算

問1　上の文章の内容と合っていたら○、違っていたら×を書きなさい。

1　（　　　　）昔存在したが、今では使われなくなった言語がある。

2　（　　　　）文字の種類と言語の種類は、だいたい同じくらいである。

3　（　　　　）古い文字の中には、読み方がわからないものがある。

問2 a〜dに入る言葉の組み合わせとして、適当なものを選びなさい。

① a文字　b音声　c音声　d文字　　　② a音声　b文字　c音声　d文字

③ a音声　b文字　c文字　d音声　　　④ a文字　b音声　c文字　d音声

（　　　　　）

3

　一生懸命作った料理なら、作った人はできたてを食べてほしいと思うだろう。特に温かい料理はなおさらで、だから相手を「早く早く」とせかして※しまう。しかし作ってもらった方にしてみると、「ごはん、できたよ」と言われても、あと少しで目の前のことが片付くこともある。すぐに食卓に向かえない理由を説明している方が時間がかかると思ってしまう。つまり、（　　　　　）という点では同じなのに、お互いに不満を持ってしまうわけだ。

※　せかす：急がせる

問1　（　　　　　）に入る言葉として、最も適当なものを選びなさい。

① おいしい料理を食べたい

② 早く食べたい

③ 早く仕事を終わらせたい

④ 料理より仕事の方が大切だ

（　　　　　）

問2　料理を作った人は相手に対してどんな不満を持っていますか。

_____

問3　料理を作ってもらった人は相手にどんな不満を持っていますか。

_____

問題Ⅱ　A、B 二つの文章を読んで、後の質問に答えなさい。

A

　日本の病院では、診察を受けるまでに長時間待たされることが多い。長いところでは3、4時間待ちもあるという。具合の悪い患者にはつらい。

　このような状況を解消するため、A病院の内科でインターネットによる予約システムを導入した。予約サイトで氏名や患者番号などを入力し、希望の時間をクリックする。病院へはその30分前に行くことになっている。予約できるのはその日の診察に限られる。

　しかし優先すべき救急患者が来れば、当然診察してもらえる時間はもっと後になる。また、インターネットに接続できる人しか利用できない。さまざまな問題があるが、せめて一部の患者だけでも待ち時間を減らすことで混雑解消の努力をしているといえる。

B

　B病院の皮膚科では、土曜日なら診察まで4時間は待たされる。平日でも2時間以上は当たり前だ。普通ならこうした状況を改善するために何らかの工夫をするものだ。

　しかし皮膚科なら動けないほどの患者は少ない。患者は待ち時間を尋ね、順番が来るまでの間は出かけ、適当に戻って読書などをしている。出かける患者は受付に伝え、言われた時間の30分前に戻ることになっているのだ。予約制にすれば、その時間に診察してもらえると期待してしまう。ならばいっそのことのんびり診察を待ちながら自分なりに時間を有効に使ってほしいということなのだろう。

問1　患者の待ち時間が長いことについて、Aの病院と、Bの病院ではそれぞれどのように対処していますか。

① AもBも、待ち時間を減らすために工夫している。
② AもBも、救急患者を優先する以上、待つことは仕方がないと考えている。
③ Aは予約制を導入したが、Bは導入していない。
④ Aは一部の患者しか予約できないが、Bは誰でも予約できる。

（　　　　）

問2 筆者はＡ、Ｂそれぞれの病院についてどのように言っていますか。

① ＡもＢも待ち時間の長さを認識はしており、診療科によって対処法が違ってもいいと、ある程度理解を示している。

② ＡもＢも待ち時間の長さについて認識しておらず、もっと患者のためにいい方法を考えてもらいたいと述べている。

③ Ａのやり方は一部の患者しか利用できないので不平等であり、その点ではＢの方がいいと言っている。

④ Ｂのやり方では動けない患者が長時間待合室で待たねばならないので、なるべく早く予約制を導入すべきだと述べている。

（　　　）

問題Ⅲ　右のページはＡ、Ｂ２社の引っ越しパックです。これを見て、下の質問に答えなさい。

問1　林さん夫婦は１か月後の７月半ばに東京から北海道へ引っ越す予定です。仕事があるので、土日に頼みたいと思っています。荷物は多くないですが、ピアノがあります。荷物の箱詰めは業者に任せたいのですが、料金によっては考えても良いと思っています。とにかく、なるべく安く済ませたいと思っています。どのプランを検討すればいいですか。

① Ａ社のプラン３－１、２

② Ａ社のプラン３－１とＢ社のプランⅡ

③ Ａ社のプラン３－１、２とＢ社のプランⅠ

④ Ａ社のプラン３－１、２、３とＢ社のプランⅣ

（　　　　）

問2　森さん一家は来年春に引っ越しを予定しています。子どもの学校のことがあるので、春休み期間の３月下旬から４月上旬までに引っ越したいです。その期間内なら平日でも構いません。荷物の箱詰めは家族でやるつもりですが、食器や調理器具だけはできれば業者に頼みたいと思っています。どのプランを検討すればいいですか。

① Ａ社のプラン２－２とＢ社のプランⅡ

② Ａ社のプラン２－３とＢ社のプランⅡ

③ Ａ社のプラン２－２とＢ社のプランⅢ

④ Ａ社のプラン２－３とＢ社のプランⅢ

（　　　　）

A社

	荷物量	箱詰め	料金・その他
プラン1	ダンボール箱のみ 大 70 × 70 × 70 小 25 × 40 × 40	お客様ご自身	本は（小）にお詰め願います
プラン2−1 2−2 2−3	一般のお引っ越し （1DK～6LDK） 自転車・バイクも可	全て弊社 全てお客様ご自身 台所のみ弊社	実際にかかる料金は、お見積もりの上でご提示します。
プラン3−1 3−2 3−3	一般の引っ越し＋ピアノ 一般の引っ越し＋ピアノ ピアノのみ	全て弊社 全てお客様ご自身	実際にかかる料金は、お見積もりの上でご提示します。

＊料金は距離によっても異なります。

例）プラン2−1で2tトラック1台、同一都府県内の場合：およそ15万円

＊本州から九州、四国、北海道へのお引っ越しの場合は、距離にかかわらず＋2万円を申し受けます。

＊弊社ではピアノのみの運搬も承っております。

B社

プランⅠ 期日指定パック	プランⅡ 平日パック
お引っ越しの日を当社で決めさせていただくと、料金が1割引きとなります。ただし、春の引っ越しシーズン中と週末はほとんどありません。	荷物量、距離にかかわらず、料金が1割引きとなります。ただし3月10日～4月10日は除きます。
プランⅢ 早期割引プラン	プランⅣ 夏季冬季特別割引
2か月以上前にお申し込みいただくと、時期を問わず、料金が5％引きとなります。	7月1日～8月10日、1月10日～2月10日は、料金が5％引きとなります。

＊当社では大型バイク、ピアノは扱えません。

＊荷物の箱詰めはお客様ご自身でお願いいたします。当社でさせていただく場合は別料金となります。

日本語能力試験

読解模擬問題

問題1　次の（1）から（5）の文章を読んで、質問に答えなさい。答えは1・2・3・4から、
　　　　最もよいものを一つ選びなさい。

（1）

　「後悔」という言葉を聞いて良いことを連想する人はあまりいないと思います。私はそう
でした。あのとき、ちゃんと話を聞いていれば、どうして大事なことを笑ってごまかした
んだろう、もう少し柔軟に考えても良かったのかな、などと挙げたらキリがありません[※1]。
　でも最近思うんです。後悔が多いことは悪いことではないかもしれないと。後悔がある
人生はそれだけ自分と向き合い、選んできた証し[※2]。自分で選ばなかったことへの後悔も、
次に決断する時は必ず私が、という意気込みにつながるはず。後悔を、もっとすてきな自
分になるためのステップにしていきたいです。

家入レオ　2018年4月10日　朝日新聞

※1　キリがない：終わりがない。ここでは、たくさんあること
※2　証し：証拠

1　筆者は「後悔」を最近どう考えているか。

　1　例を挙げたらたくさん出てくるほど経験している。
　2　良いことだと思うようになり、悲しい経験は忘れたい。
　3　悪いことではなく、未来につながるひとつの過程にしたい。
　4　今までもこれからも良い連想をしないのではないかと思っている。

（　　　　　　）

（2）

次の文章は、一流の将棋棋士※1が書いたものである。

　棋士は、若いときには計算する力、記憶力、反射神経のよさを前面に出して対局※2をするが、年齢を重ねるにつれ少しずつ直感、大局観※3にシフトしていくのが普通の流れだ。直感や大局観は、一秒にも満たないような短い時間であっても自分の経験則と照らし合わせて使うものなので、ある程度の実地経験を積んでからでないと使えないと思っている。つまり、成功したり失敗したりした経験を消化して栄養となったものが大切な財産なのだ。

（中略）

　直感は、ほんの一瞬、一秒にも満たないような短い時間の中での取捨選択※4だとしても、なぜそれを選んでいるのか、きちんと説明することができるものだ。適当、やみくもに※5選んだものではなく、やはり自分自身が今まで築いてきたものの中から生まれてくるものだ。

羽生善治『直感力』PHP 研究所

※1　棋士：将棋を指すプロ

※2　対局：将棋の試合

※3　大局観：全体を見る目

※4　取捨選択：何を取り入れ、何を捨てるか選ぶこと

※5　やみくもに：考えずに

2　「直感」について、筆者の考えに合うのはどれか。

1　短い時間に感じるもので、若いときにこそ力を発揮する。

2　経験を重ねることによって高められるものである。

3　一瞬のうちに思いつくものであり、反射神経が必要である。

4　論理的なものではなく、個人的なものなので説明できない。

（　　　　　　）

（3）

これは山中市役所に張り出されたお知らせである。

ご協力お願いします

　このたび、国から、夏の節水および節電の要請がありました。そこで当市役所では次のように決めましたので、ご協力をお願いします。

・冷房温度は 28 度に設定する。

・6 月～9 月は軽装で勤務する。上着、ネクタイは着用しない。

・昼休み（12 時～1 時）は館内の電気を半分消す。

・昼休みと閉庁後（5 時以降）はエレベーター 4 基のうち 2 基だけを動かす。

・日頃から、階段 1～2 階分なら、できるだけ階段を利用する。

・水曜日はノー残業デーとし、5 時半までに退勤するよう努める。

山中市市長　鈴木一郎

3　このお知らせの内容として正しいものはどれか。

1　市民に、市役所の節水・節電方法を知らせ、理解と協力を求める。

2　市民に、市役所職員の服装や市役所の暗さ、不便さに理解を求める。

3　市役所職員に、使用電力削減のための方法を示し、協力を求める。

4　市役所職員に、働き方についてのルールを示し、協力を求める。

（　　　　　）

（4）

　商品の広告や宣伝に「先着100名様限り」とあったら、多くの人はどう思うだろうか。「その商品は100個しかない」という文字通りの意味だけを受け取るのではなく、「100人以上の人が欲しがるほど人気がある商品なのだな」「早く買わないとすぐなくなってしまうようだ」と思うのではないだろうか。それこそが、売る側が伝えたいと思っているメッセージなのである。「先着〇〇名様限り」という宣伝文句は、限定性を与えることによって、商品の価値を高めていると言えるだろう。

4 この文章をまとめたものとして、最も適当なものはどれか。

1　100個しかないものは価値が高いのだから消費者が欲しがるのは当然であり、売り手は正しい情報を伝えていると言える。

2　「先着100名様限り」というのは宣伝文句に過ぎず、実際にはもっと多くあるのだから、売り手は嘘を言っていることになる。

3　この宣伝文句をどう理解するかは消費者しだいなので、もう少し直接的なメッセージの方が売り上げ増につながるだろう。

4　「先着100名様限り」と言われると早く買いたくなるのが消費者の心理であり、これはうまい宣伝方法であると言える。

（　　　　　　）

（5）

　日本にマーケティングが輸入されたのはいつだろうか。これを、レクチャーなどの際に受講生に聞くと面白い。一応、戦後のどの当たりか？と見当をつけてもらうのだが、どうなると思われるだろうか？そもそも、読者の方はいつ頃だと思われるだろうか？

　聞いたときの反応は大体、次のような感じである。60年代が10％、70年代が40％、80年代も同じく40％、90年代が10％。つまり70年代から、80年代にかけてというのが一般的なイメージのようである。

　では、正解はいつだろうか？これについては記録がある。答えは1955年。

山本直人『売れないのは誰のせい？ 最新マーケティング入門』新潮新書刊

---

5 筆者はなぜ面白いと思ったのか。

1　マーケティングの輸入の時期は一般的なイメージより後のものだから。

2　マーケティングの輸入の時期と一般的なイメージとがかなり異なるから。

3　マーケティングの輸入の時期の答えが、筆者の予想通りの結果になったから。

4　マーケティングの輸入の時期の答えが、筆者の予想と全く異なっていたから。

（　　　　　）

問題2　次の（1）から（3）の文章を読んで、質問に答えなさい。答えは1・2・3・4から、最もよいものを一つ選びなさい。

（1）

　eスポーツは、エレクトリック・スポーツの略で、相手と戦うタイプのコンピュータゲーム（ビデオゲーム）をスポーツとして考えるものである。海外には、プロ選手やプロリーグがあり、eスポーツをする人は世界に1億人以上いると言われている。一方、eスポーツをスポーツとしては認められないという意見もある。もともとスポーツは自然の中で体を動かすものであったが、eスポーツにはそのような健康的なイメージがないからであろう。

　そもそも、スポーツとは何だろうか。まだ文字が使われていなかった先史時代、人間は食料を得るために狩りや採集を行った。それらは仕事であるが、それ以外の時間に楽しむ娯楽のようなものがすでに行われていた。岩などに描かれた乗馬やレスリングなどの絵が発見されている。やり※1投げなども行われただろう。これらは身近な動物や道具を使ったスポーツであると言えよう。

　古代ギリシャは、オリンピックが初めて行われたところとして有名だが、この頃すでにさまざまな競技が行われ、整備されていた。ボールを使ったり、当時の最新の戦車を利用したりする競技などもあったようである。中世ヨーロッパ世界では、これらに加えて戦争に使われた銃※2を用いた競技もスポーツのひとつになっている。近代において産業革命が起こると、労働者はスポーツを長い労働から解放された際の気分転換をはかるものとして楽しんだ。現代でもやはり、長い仕事が終わった後にスポーツを楽しむ人が多いだろう。その時に、身近な道具、最新の道具を使う。それがコンピューターなのである。

　このように考えると、eスポーツはスポーツとして認められるのではないか。

※1　やり：

※2　銃：

6 e スポーツをスポーツとして認めない人は、なぜ認めないのか。

1 体全体を動かさないのは健康的（けんこうてき）ではないから。
2 人間の健康（けんこう）に悪い影響（えいきょう）を与えそうだから。
3 自然の中ではなく、建物の中でやるものだから。
4 コンピューターゲームは一人でやるものが多いから。

(　　　　　)

7 先史時代から人々が娯楽（ごらく）（スポーツ）を楽しんだ理由は何か。

1 文字がなく、非常に不便だったから。
2 人々と競争して勝ちたかったから。
3 働いた後に気分転換（てんかん）がしたかったから。
4 最新の道具を使ってみたかったから。

(　　　　　)

8 筆者が e スポーツをスポーツと考える理由は何か。

1 海外には e スポーツのプロ選手やプロリーグが存在するから。
2 先史時代からスポーツは楽しく、健康（けんこう）に良いと考えられてきたから。
3 どんな時代でも、人々は体を動かし、健康的（けんこうてき）な活動をしてきたから。
4 仕事が終わった後、新しい道具を使って楽しむものと考えられるから。

(　　　　　)

（2）

　ある職場でメンタルヘルスの相談に乗ったとき、従業員の動線が話題になった。広いフロアを持つ職場だっただけに、従業員の動きを効率よくできる動線を考えることになったが、それが従業員に不評だという。

　動線を工夫すれば、不必要な動きをしないですむ。動きが少ない分、肉体的な疲れも少ないし、仕事に集中できるだろう。そう考えて部署の配置などを変更したが、従業員は心理的余裕がなくなったと感じるようになった。

　これまでなら、職場を移動中に同僚や先輩、後輩など思いがけない人に会って少し話し込むことがあった。具体的な問題を話し合うわけではなく、雑談のような話から新しいアイデアが浮かぶこともあった。アイデアが浮かばないまでも、少し気分がリフレッシュするし、次の仕事に取り組もうという意欲も出てくる。

　先週も書いたように、私たちは、緊張が続くとこころに余裕がなくなる。問題に直面したときに一面的な考え方しかできなくなる。いろいろな視点からの可能性を考えられなくなり、克服できるはずの問題も解決できなくなる。

　そうしたときに、雑談などをして全く違うこころのモードに入るだけで新しい見方ができるようになる。

　コンピューターが行き渡った最近では、職場内の意見交換もメールで済ませることが増えてきている。不必要な会話をしないという（　　A　　）、問題に柔軟に取り組んだり新しいアイデアを生み出したりするという（　　B　　）。

大野　裕　2016 年 6 月 19 日　日本経済新聞

9　第二段落に書かれていることをまとめたものとして、最も適当なものはどれか。

1　経営者が従業員のことを全く考えずに効率化を進めたために、うまくいかなかった。
2　経営者が従業員のためにもいいだろうと思ったことをしたのに、うまくいかなかった。
3　経営者が従業員のことを考えずに行ったことが、結果的にうまく行った。
4　経営者が従業員のためを思ってしたことが、予想通りいい結果を生んだ。

（　　　　　　）

10 (　　　　) に入る言葉の組み合わせとして、最も適当なものはどれか。

1　A　点では効率的だが　　　　　　　B　点では効率的とはいえない

2　A　点では効率的とは言えないが　　B　点では効率的だといえる

3　A　点でも効率的だし　　　　　　　B　点でも効率的だといえる

4　A　点でも効率的ではないし　　　　B　点でも効率的ではない

（　　　　　　　　）

11 この文章に題をつけるとしたら、次のどれが最も適当か。

1　無駄を省こう

2　効率的な働き方

3　緊張感を持つために

4　雑談の効果

（　　　　　　　　）

（3）

　動物の、(1)いちばん動物らしいところは、動くことである。走り、飛び、泳ぐことと、サイズとの関係は、どうなっているのだろうか。

　すぐ気づくことは、大きいものほど速い、ということだ。アリよりネズミ、ネズミよりネコ、ネコよりイヌと、速く走れるようになる。地上を走るものの自己ベスト記録をながめてみると、サイズが大きくなるにしたがって速くなる。飛ぶものや泳ぐものでも、同様である。速いということは、餌を捕まえるうえでも、逆に捕食者から逃れるうえでも有利なので、これはサイズが大きいことの利点となる。

　ただし、サイズがどんどん大きくなれば際限もなくどんどんと速くなるかというと、(2)そう単純でもない。地上でいちばん速いランナーはチーター※1だと言われている。時速110キロメートル。チーターの体重は55キログラムで、実は、これ以上体重が増えても速度はほとんど増えない。100キログラムを越すと、走る速度はかえって遅くなる。サイズの上限に近いところで速度が減少するのは、泳ぐものでも同様で、マグロ（80キログラム）は時速100キロメートルを誇っているが、クジラ※2はそれよりだいぶ遅い。ゾウやクジラほどの大きさになれば、捕食者※3に襲われる心配はないので、ゆっくりと草を食べ、オキアミ※4をすくいとっていればよいのであろう。

本川達雄『ゾウの時間ネズミの時間』中央公論新社

※1　チーター：cheetah　猎豹　báo săn

※2　クジラ：whale　鲸鱼　cá voi

※3　捕食者：他の生物を捕らえて食べる生物

※4　オキアミ：krill　磷虾　bộ hình tôm

---

12 (1)いちばん動物らしいとはどういう意味か。

1　動物かもしれないと考えられる
2　動物だともっとも予想できる
3　動物の特徴がもっともわかる
4　動物の特徴がもっとも推測できる

（　　　　　　）

13 (2) <u>そう単純でもない</u>とはどういう意味か。

1 サイズが大きいことの利点(りてん)は、体が大きいほど明確に現れること。
2 サイズが大きくなればなるほど走るのも速くなるわけではないこと。
3 速いことは、餌(えさ)を捕(つか)まえる点と捕食者(ほしょくしゃ)から逃(に)げる点で有利であること。
4 地上でいちばん速いランナーはチーターであると言われていること。

(　　　)

14 文章の内容と合っているものはどれか。

1 動物は体が大きくなればなるほど、走るのが速くなる。
2 動物は捕食者(ほしょくしゃ)から速く逃(に)げるために体重の上限が存在する。
3 海の動物はサイズの上限に近いところでも泳ぐのが遅くならない。
4 一定程度までは、体のサイズと動くスピードは比例(ひれい)する。

(　　　)

問題3 次のＡとＢの文章を読んで、質問に答えなさい。答えは１・２・３・４から、最もよいものを一つ選びなさい。

A

　最近ネットを使って中古品を手軽に売ったり買ったりできるようになり、私もよく利用している。服やバッグはもちろん、家具もほとんどネットで手に入れた中古品だ。趣味に合うものを安く手に入れることができるし、もし気に入らなかったり部屋と合わなかったりしたら、また売ればいい。そうすると自分の趣味もはっきりしてくるし、少しずつ居心地のいい理想の部屋に近づいていくのも楽しみだ。新品を買うと高いから、あれこれ取り替えて試してみることはできないだろう。もちろん、家具に傷がついていることもあるが、それもぬくもりのように感じられる。

B

　転勤が多いので、定額制のレンタル家具を利用している。月々決まったレンタル料を払えば、必要な家具を借りることができる制度だ。私はソファ、ベッド、タンス、カーテン、家電製品などを借りている。見た目は新品と変わらないし、カーテンなどの洗濯も不要なので気に入っている。もちろん長期間借りると買うより高くつくが、簡単に解約できるので、引っ越しの時などに便利だ。最近服も利用し始めた。月１万で季節ごとにいろいろな服を着ることができる上に、今まで自分では買わなかったような服でも意外と似合っていることがわかったり、といった楽しみもある。

---

15 A、B、どちらの筆者にも共通している考え方、感じ方は何か。

1　気に入った家具や服をできるだけ安く手に入れて楽しみたい。

2　高くても良いものを買って長く使いたいという気持ちはない。

3　転勤の可能性を考え、簡単に引っ越しができるようにしておきたい。

4　まだ若いので、今後趣味も変わるだろうから、モノは買いたくない。

（　　　　　　）

16 ＡとＢはそれぞれ何を大切にしていますか。

1　Ａは自分の趣味を重視しており、Ｂは手軽さを重視している。

2　Ａは変化が好きではないが、Ｂはどんどん変わりたいと思っている。

3　Ａは古いものを大切にしており、Ｂは常に新しいものを求めている。

4　Ａは何よりも安さを重視しており、Ｂは値段よりも品質を重視している。

（　　　　　　　）

問題4　次の文章を読んで、質問に答えなさい。答えは1・2・3・4から、最もよいも
のを一つ選びなさい。

　私たちが物事を判断する時、そこには主観というものが関わってくる。「私は他の人に比
べれば客観的に物事を見ている」という人でも、コンピュータのような客観的な判断は下
せない。

　コンピュータの情報処理は、集められたデータをもとに判断を下す「ボトムアップ型」
であるのに対し、人間はそれまで生きてきた中で形作られてきた知識や信念、感情などを
合わせた"主観"で物事を判断する「トップダウン型」である。

　人間がいかにトップダウン型の思考であるかを調べた実験がある。それは (1)このような
ものである。

　画鋲が箱に入っており、その横にロウソクとライターがある。被験者には「この材料を
すべて使い、ロウソクを立てて火をつけてください。ただし、床やテーブルに直接ロウソ
クは立てられないものとします」と伝える。あなたならどうするだろうか。

　(2)正解は「画鋲の入っている箱を壁などに画鋲で固定し、そこにロウソクを立てる」と
なる。しかし、実際にこの問題を被験者に解かせると、有名大学の学生でも正答率は1割
程度。「画鋲の入った箱」を見てもその箱は「画鋲を入れるもの」であるというトップダウ
ン処理（推論）にとらわれて、画鋲の入れ物を「ロウソク台」というツールとして利用し
ようとは思いつかないのである。

　初対面の相手を見る時にも、人間特有ともいえるトップダウン型の思考の癖は当然出て
くる。

　主観によって歪められた※ものの見方では相手を正確に見ることはできない。トップダウ
ン型の思考が強ければ強いほど、相手の持つ可能性や弱点を見逃してしまうことも増える
だろう。

　ただ、そうはいっても人間から知識や感情や信念というものを取り去ることは難しい。
であるならば、「人間はトップダウン型の思考になりやすい」ということを自覚した上で、
少しでも客観視できるようにすることが相手を見抜く上でとても重要なポイントとなって
くるのである。

植木理恵『脳は平気で嘘をつく』角川書店

※　歪める：ものごとを正しくない、曲がった形にすること

17 (1) このようなものであるが指しているのはどこからどこまでか。

1 「私たちが」から「トップダウン型である」まで。

2 「コンピュータの情報処理は」から「トップダウン型である」まで。

3 「画鋲が」から「見逃してしまうことも増えるだろう」まで。

4 「画鋲が」から「思いつかないのである」まで。

(　　　　　)

18 (2) 正解を図にするとどうなるか。

①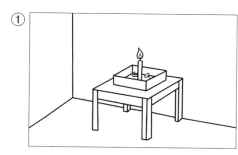

②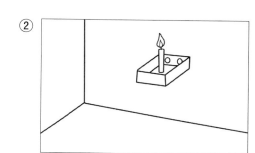

③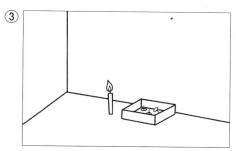

④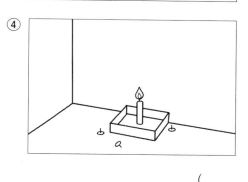

(　　　　　)

19 初対面の相手を見る時のトップダウン型の思考の例として、適当なものはどれか。

1 その人の持ち物や服装からその人の好みを推理する。

2 話し方や表情から、相手が自分に好意を持っていると感じる。

3 同じ趣味を持っているとわかると、話しやすくなる。

4 声が小さい人は気が弱くて臆病な人だと思う。

(　　　　　)

問題5　右のページは、温泉めぐりの案内である。これを読んで、質問に答えなさい。答えは1・2・3・4から、最もよいものを一つ選びなさい。

20 Aさんは日帰りで温泉に行きたいと思っている。月の初旬は忙しいので、半ば以降に行きたい。朝できるだけ早く、自然の中で温泉に入るにはどうすればいいか。

1　1日、朝10時に二の湯か四の湯へ行く。

2　月末、朝6時に一の湯か五の湯へ行く。

3　第2土曜日、朝10時に一の湯か五の湯へ行く。

4　第4土曜日、朝6時に五の湯へ行く。

（　　　　　　　）

21 Bさんは家族で温泉へ行こうと思っている。家族はBさん夫婦、娘1人、Bさんの両親である。両親はともに65歳、娘は12歳である。町の旅館に1泊し、2日間温泉めぐりをするが、1日目はゆかたを借りて着たい。旅館以外の料金は、全部でいくらかかるか。

1　$700 \times 5 + 800 \times 3$

2　$700 \times 4 + 500 + 800 \times 3 + 720 \times 2$

3　$700 \times 4 + 500 + 800 \times 2 + 720$

4　$700 \times 3 + 630 \times 2 + 800 \times 2 + 720$

（　　　　　　　）

【温泉めぐりをしよう　"7つの温泉ゆっくりチケット"のご案内】

温泉の町、山川花町へようこそ！

町中に7カ所の温泉がある山川花町。"7つの温泉ゆっくりチケット"を買って、温泉めぐりをお楽しみください。

◎7つの温泉ゆっくりチケット◎

町の旅館にお泊まりのお客様　　大人1名様：700円

12歳以下1名様：500円

日帰りのお客様　　　　　　　　大人1名様：2000円

12歳以下1名様：1500円

＊町内の旅館、商店街、駅でご購入になれます。

◎温泉めぐりが始まる時間◎

朝10時からの温泉：一の湯、二の湯、四の湯、六の湯

お昼12時からの温泉：三の湯、五の湯、七の湯

＊夜はどこでも9時まで温泉に入れます。

＊毎月1日と第2第4土曜日に限り、二の湯と五の湯は朝6時からオープン！

◎一日レンタルサービス◎

ゆかた　1枚　800円　　有名デザイナーによるゆかたを着て町を歩きましょう。

女性用と子供用のみでございます。

大きなバスタオル　1枚　500円　　やわらかくて大きなタオルです。

＊チケットご購入の際、下駄、小型タオルの無料レンタルができます。

＊65歳以上の方は1割引きになります。

◎名所ご案内◎

大きな窓からきれいな山の景色が見たい方！　二の湯、四の湯へ！

自然の中で温泉を楽しみたい方！　一の湯、五の湯の露天風呂へ！

安藤栄里子

明新日本語学校　教務主任

足立尚子

明海大学別科日本語研修課程　非常勤講師
総合研究所大学院大学情報学専攻　講師
独立行政法人国際協力機構　講師
日本学生支援機構東京日本語教育センター　非常勤講師
一般財団法人日本国際協力センター　講師

必ずできる！　JLPT「読解」N2

発行日：2020 年 1 月 22 日（初版）
　　　　2024 年 12 月 6 日（第 7 刷）

著　者　：　安藤栄里子
　　　　　　足立尚子
編　集　：　株式会社アルク日本語編集部、紺野さやか
編集協力：　有限会社ギルド、森勇樹
カバー・表紙デザイン：早坂美香
本文デザイン・DTP：有限会社ギルド
イラスト：　たくわかつし
印刷・製本：　萩原印刷株式会社

発行者　：　天野智之
発行所　：　株式会社アルク
　　　　　　〒141-0001　東京都品川区北品川 6-7-29　ガーデンシティ品川御殿山
　　　　　　Website：https://www.alc.co.jp/

地球人ネットワークを創る

アルクのシンボル
「地球人マーク」です。

アルク
明日につづく、ことば。

日本語

通信講座

NAFL日本語教師
養成プログラム

セミナー

日本語教育
能力検定
試験対策

書籍

どんなとき
どう使う

ほか

スピーキングテスト

JSST

オンライン会話

アルク
オンライン
日本語スクール

1文から始める　ステップアップ式

必ずできる！
JLPT
Japanese-Language
Proficiency Test
「読解」N2

解　答

ウォーミングアップ ❶ ··· **18**

問題Ⅰ 1 そんな 2 こんな 3 あれ 4 あれ

　　　 5 そっち、そんなに、あっち

問題Ⅱ 1 B 2 A 3 B 4 C、A

問題Ⅲ 1 × 2 ○ 3 × 4 × 5 ○ 6 ○ 7 ○

　　　 8 × 9 ×

ウォーミングアップ ❷ ··· **20**

問題Ⅰ 1 こんな 2 そんな 3 それ 4 あの 5 こんな

　　　 6 それは

問題Ⅱ 1 × 2 × 3 × 4 ×、×、○ 5 ○、×、○

　　　 6 × 7 × 8 ○

問題Ⅲ 1 ② 2 ② 3 ① 4 ① 5 ② 6 ①

ウォーミングアップ ❸ ··· **22**

問題Ⅰ 1 私 2 相手 3 相手の父親、私

問題Ⅱ 1 × 2 × 3 ×、× 4 × 5 ×、×

　　　 6 ○、○、○ 7 ×

問題Ⅲ 1 ① 2 ② 3 ② 4 ② 5 ① 6 ②

　　　 7 ② 8 ② 9 ①

ウォーミングアップ ❹ ··· **24**

問題Ⅰ 1 ○ 2 ○ 3 ○、○ 4 ○ 5 × 6 ×

問題Ⅱ 1 ② 2 ① 3 ① 4 ① 5 ② 6 ①

　　　 7 ② 8 ②

問題Ⅲ ①、⑤、⑥

ウォーミングアップ ❺ ··· **26**

問題Ⅰ 1 山田 2 高橋 3 B

問題Ⅱ 1 ○ 2 ○ 3 × 4 × 5 × 6 ○、×、×

　　　 7 × 8 × 9 ×

問題Ⅲ 1 ② 2 ① 3 ② 4 ① 5 ① 6 ①

ウォーミングアップ❻ ・・ **28**

問題Ⅰ 1 ○ 2 × 3 × 4 ○ 5 ×、○ 6 ×、○

問題Ⅱ 1 ② 2 ② 3 ② 4 ① 5 ② 6 ②

　　　 7 ② 8 ① 9 ②

問題Ⅲ ①しない ②二つ

練習問題 ❶日目 ・・ **30**

問題Ⅰ ③

問題Ⅱ あごが小さくなる、逆三角形になる

問題Ⅲ ① ②、③ ② ①、③

問題Ⅳ ①→③→④→②→⑤

問題Ⅴ 1 ○ 2 × 3 ○ 4 × 5 ○ 6 ○ 7 ×

問題Ⅵ 1 E 2 A 3 C

練習問題 ❷日目 ・・ **34**

問題Ⅰ ①

問題Ⅱ ③

問題Ⅲ 1 B 2 A 3 B 4 A

問題Ⅳ ③

問題Ⅴ 問1 ②

　　　 問2 1 ○ 2 ○ 3 × 4 ×

練習問題 ❸日目 ・・ **38**

問題Ⅰ ②

問題Ⅱ ① 四つ

　　　 1．大声で周りに火事を知らせる。

　　　 2．必ずドアを閉める。

　　　 3．エレベーターを使わない。

　　　 4．体を低くする。

　　　 ② ④

　　　 ③ 問1 ①

　　　　　 問2 1 ○ 2 ○

　　　 ④ 問1 1 ① 2 ② 3 ④

　　　　　 問2 ② 問3 ②

Step 3

日本語能力試験　読解模擬問題